Making It

What Today's Kids Need
for Tomorrow's World

今天的孩子
如何应对明天的世界

[美]斯蒂芬妮·玛丽亚·克劳斯（Stephanie Malia Krauss） 著

钱志龙 译

机械工业出版社
CHINA MACHINE PRESS

U0367797

图书在版编目（CIP）数据

立足未来：今天的孩子如何应对明天的世界 /（美）斯蒂芬妮·玛丽亚·克劳
斯（Stephanie Malia Krauss）著；钱志龙译. — 北京：机械工业出版社，2023.5
书名原文：Making It: What Today's Kids Need for Tomorrow's World
ISBN 978-7-111-73019-4

Ⅰ.①立… Ⅱ.①斯… ②钱… Ⅲ.①儿童教育 – 研究
Ⅳ.①G61

中国国家版本馆CIP数据核字（2023）第082783号

机械工业出版社（北京市百万庄大街22号　邮政编码100037）
策划编辑：徐曙宁　　　　　责任编辑：徐曙宁　仇俊霞
责任校对：王荣庆　李　婷　责任印制：郜　敏
三河市宏达印刷有限公司印刷
2023年7月第1版第1次印刷
169mm×230mm·16印张·135千字
标准书号：ISBN 978-7-111-73019-4
定价：69.80元

电话服务　　　　　　　　网络服务
客服电话：010-88361066　机 工 官 网：www.cmpbook.com
　　　　　010-88379833　机 工 官 博：weibo.com/cmp1952
　　　　　010-68326294　金 书 网：www.golden-book.com
封底无防伪标均为盗版　机工教育服务网：www.cmpedu.com

献给

那些曾帮助我成功的人生货币铸造者，
尤其是刘易斯夫人和吉姆。

我的孩子们——贾斯蒂斯、哈里森、克洛伊和布莱恩，
愿你们拥有一切所需，在未来的世界里立足并茁壮成长。

我的丈夫埃文，我很高兴能和你一起生活，我非常爱你。

本书获得的赞誉

斯蒂芬妮·玛丽亚·克劳斯为我们提供了一个路线图，从而帮助孩子们为应对快速变化且充满挑战的世界做好准备，她呼吁每个成年人和教育者都应认真对待孩子的教育问题，并成为孩子人生货币的铸造者。这是一本必读书。

——阿恩·邓肯（Arne Duncan）

艾默生集团管理合伙人，美国前教育部部长

这真是一部机智而富有见地的作品！斯蒂芬妮·玛丽亚·克劳斯提供了令人信服的案例，表明了孩子们要想在快速变化的世界中茁壮成长，需要各种人生货币。

——卡尔·纽波特（Cal Newport）

纽约时报畅销书《数字极简主义》（*Digital Minimalism*）

和《深度工作》（*Deep Work*）作者

克劳斯是一位深知不能将"学习"和"上学"这两个概念混淆的教育者。她巧妙地示范了复杂的观念也可以被清晰而风趣地传达出来。结合她的专业背景和个人经历,她在这本书里生动地表明,学术资质是必要的,但是单有学术资质是远远不够的。在当今社会,"立足未来"所需的技能和链接是在远离课堂的地方才能获取的。生命前二十年的不平等,会在之后的工作生活中一直产生回响。在美国,对于那些父母富有、高知且身体健康的孩子来说,立足未来是轻而易举的,但对于出生在贫困家庭或面对种族主义威胁的孩子来说,这确实是十分艰巨的挑战。克劳斯希望能让立足未来变成一种权利,而非特权。这是让本书充满活力的希望,也让我们在当下找到"破碎中的美"。这本书的出版非常及时,充满智慧,并鼓舞人心!

——理查德·V. 里夫斯(Richard V. Reeves)

布鲁金斯研究院高级研究员,

《梦想囤积者》(*Dream Hoarders*)作者

斯蒂芬妮在书中的建议具有其个人标志性的特点——生动、具体且现实,她阐述了未来对现在的孩子们来说意味着什么,以及青少年的家人、盟友和为其服务的教育工作者可以如何帮助他们为未来做好准备。这是一本简单易读的书，但里面的观点却会让你想要反复品味。

——莱斯利·拉皮德斯（Leslie Lapides）

《今日青年》（*Youth Today*）杂志高级编辑

今天的孩子们想要在一个日新月异的社会里立足未来，需要什么条件？斯蒂芬妮·玛丽亚·克劳斯的大作探索了这个重要的问题，并提供了能够确保孩子有更好未来的创造性路径。

——约翰·布里奇兰（John Bridgeland）

Civic公司CEO，白宫国内政策委员会前主任

在《立足未来》一书中，克劳斯为家长、教育者和政策制定者提供了有力的支持，使他们能够帮助今天的年轻人面对未来变化莫测的世界，从而成为人生货币铸造者。孩子们需要能力、关系、证书和现金这四种人生货币，作为终身解决方案，为长寿且舒适的生活做准备。克劳斯的写作风格干脆利落、引人入胜，且富有启发性。

——安妮·霍尔顿（Anne Holton）

乔治梅森大学教育政策教授，弗吉尼亚州教育部前秘书长

这本令人眼界大开、启迪满满的书，分享了一种珍贵的创造性观点，或将改变我们对优质教育的看法。本书应该被列为教育者、青年工作者、家长、儿童权益倡导者和政策制定者的必读书目，以便他们理解今天的孩子，并实施创新且实际的策略，来帮助所有年轻人在未来世界中为获得幸福和成功而做好准备。

——罗格·维斯博格（Roger Weissberg）博士

伊利诺伊大学芝加哥分校心理学系荣休教授，

学术、社会和情感学习合作组织（CASEL）首席知识官

《立足未来》是一本关于21世纪20年代养育和支持年轻人的不可或缺的读物。

——荣达·布罗萨德（Rhonda Broussard）

挚爱社区CEO

很明显，以往的"成年人打卡清单"已经不合时宜了，克劳斯向大家展示了一个以能力、证书、关系和现金为人生货币的创新经济体时代的全貌，并提供了坚实可信的案例。在关于今天的学习者应该了解什么、能够做什么的所有"处方"中，《立足未来》显然是该领域的首本著作。它不但采用全人教育路径，令人

信服地展示了新经济现实，而且提纲挈领地给出年轻人如何获得多种人生货币的策略。还在最后一章"成为人生货币铸造者"中提出了构建一个公正、包容和充满关爱的社区的配方。可以说，本书是所有家长、教师和公共服务负责人的必读书。

——汤姆·万德·阿克（Tom Vander Ark）

变聪明公司CEO

所有希望改善儿童和青少年生态系统的人将从中受益，并喜欢上阅读《立足未来》这本书。市长、校长、医疗工作者、课外活动提供者、社区组织和其他许多参与儿童生活的人，将从中学习到一个重要的架构，理解如何才能让我们的孩子在一个快速进化的世界中获得成功。斯蒂芬妮，谢谢你写了这本易读且操作性很强的书，这将帮助我们更好地为孩子们服务。

——布里吉特·罗德里格斯（Bridget Rodriguez）

哈佛教育学研究生院重新设计教育中心执行主任

斯蒂芬妮·玛丽亚·克劳斯在她的新书《立足未来》中发出一声呐喊，呼吁美国教育体系要和不断变化的工作场景需求保持一致。她提出了一个足够令人信服的"人生货币"视角，这对于未来的成年人们至关重要。她还针对我们该如何教育今天的孩子（尤其是在孩子从幼儿期向需要升级技能的成年期过渡的阶段），十分有说服力地提出了一系列的创新构想。如果你想知道发展美好未来的路线图，就好好读这本书吧！

——泰德·丁特史密斯（Ted Dintersmith）

"学校可以是什么样子"基金会创始人

《立足未来》是斯蒂芬妮命中注定要写就的作品，她提出了一个逻辑严密而全面的育人路线图，来帮助我们确保今天的孩子能进入一个不仅在学术上为他们做好了准备，而且能体现出改进后的价值观、正义，并优先以人为本的世界。我有幸认识斯蒂芬妮，并与她一同工作，为弗吉尼亚州的儿童们创造更好的机会，这本书很好地反映了她是怎么做到的：创造一个愿景，并设计一套程序来实现它。这是我们欠孩子的，尤其是那些得不到充分服务的孩子，我们有责任尽己所能，为他们创造一个充满希望、奇迹和好奇的未来。《立足未来》就是这么做的。以我来看，我们没有时间可以浪费了。这本书将启迪你开始行动。我就是这么被启迪的。

——史蒂夫·康斯坦丁诺（Steve Constantino）

国际知名的家庭及社区参与演讲者，

威廉玛丽教育学院执行院长，

《让每个家庭参与：五个简单原则》

（*Engage Every Family：Five Simple Principles*）作者，

美国弗吉尼亚州前首席学术官和代理州长

本书为今天的孩子们树立了一个愿景，一个通过科学、案例、个人故事和灵感而变得切实可行的愿景。这就是斯蒂芬妮在《立足未来》这本书中所实现的。如果你关心年轻人，那么《立足未来》就是为你所写，不管你是家长、政策制订者、选民、教育者，还是社会工作者。我们共同的未来的模样取决于在本书中所提出的愿景是如何被践行的。

——阿曼达·摩尔·麦克布赖德（Amanda Moore McBride）

莫里斯讲席院长和丹佛大学社工研究生院教授

对于理解当今儿童和青少年所面临的多重挑战，以及如何确保他们的学习和发展，《立足未来》提供了重要的参考。在这个瞬息万变的世界，它提供了铸造人生货币的架构，使孩子们获得在学校和生活中取得成功的路径。

——马克·金斯伯格（Mark Ginsberg）

乔治梅森大学教务长兼常务副校长及教育与人类发展学院前院长

在一个变化莫测的世界里，《立足未来》这本书意义非凡。斯蒂芬妮提出的诚实和公正的人生货币的铸造方法，改变了过去日积月累形成的获得终身幸福的不公平制度，而且这种改变并不需要花费太长时间。

——伊利亚特·瓦硕（Elliot Washor）

"大图景学习"联合创始人及负责人

你知道除了学业成就之外，还有什么东西是年轻人需要具备，才能在当今纷繁复杂的世界中取得成功的吗？斯蒂芬妮·玛丽亚·克劳斯谨慎而清晰地揭示了这一点：一系列相互交融的能力、社交网络、公认的证书以及必要的经济资源。如果你相信每个孩子都有资格获得成功，这本书将帮助你成为一位人生货币铸造者，并告诉你应该怎么做。

——凯瑟琳·特拉法根（Kathleen Traphagen）

"欣欣青年"项目、"校外教育影响团体"项目

的资助首席协调人

《立足未来》是一本独具力量的书，为父母和教育者提供了一个清晰、具体的路线图来武装孩子，从而使其在经济、科技和社会都发生着翻天覆地变化的环境中能过上有意义的生活。当下，在我们认真地把注意力集中在重塑我们的教育机构以实现一个更有希望和公正的未来时，斯蒂芬妮引人注目的人生货币框架真是再及时不过了。

——赛里斯·E. 德里弗（Cyrus E. Driver）

"未来学习合作伙伴"资深主管

对于任何想要开展好充满复杂性的21世纪教育的人来说，《立足未来》是一本必读书。这本书将未来工作和学习的研究，与过去几十年来关于人类发展和社会流动的研究交织在一起，更不用

说其中分享的克劳斯在政策制订和实践方面的一手经验了。书里详细描绘了学生在蓬勃发展的未来所需要的资源。

——朱莉娅·弗利兰·费舍尔（Julia Freeland Fisher）

克莱顿·克里斯坦森教育研究院院长，《你认识谁：开启拓展学生关系网的创新》（*Who You Know：Unlocking Innovations that Expand Students' Networks*）作者

《立足未来》将当今学生和家庭定位为教育市场上至关重要的消费者，他们必须弄懂美国市场上所有的70多万个证书，并秉持着全新的心态，关注如何为日益不确定的未来世界工作而做好准备。

——米歇尔·R. 韦斯（Michelle R. Weise）

《终身学习：为还不存在的工作做准备》（*Long Life Learning：Preparing For Jobs that Don't Even Exist Yet*）作者

把这本书列入你今年的必读书单里吧。在《立足未来》中，作者斯蒂芬妮·玛丽亚·克劳斯把现如今动荡和不可预测的时代状态称为"不知所措"。斯蒂芬妮将21世纪美国面临的重大挑战归纳为：确保所有的年轻人（尤其是有色人种和贫困家庭的孩子）

获得茁壮成长所需的东西，而不仅仅是生存。她描绘了一条基于社会正义及经济正义而重新构建的教育之路，赋能所有年轻人去获得能力、证书和现金，并进一步在人生货币驱动下取得成功。《立足未来》定义了一个让所有学习者享受优质教育的社会契约，一个早就应该存在的契约。

——帕梅拉·莫兰（Pamela Moran）

美国弗吉尼亚州学校学习联盟执行理事，

《终身学习》（*Timeless Learning*）合著者

如果你担心目前的教育系统已经过时了，那么《立足未来》这本必读书精心设计的思想空间将为你重新想象所有的可能性。它对未来的趋势和颠覆提出了诚实的见解，包括质疑现有的资格证书（例如高中文凭）应该被更有意义的证书所取代。它倡议修改毕业要求，并重新思考有意义、有价值的高质量文凭和证书可能是什么样子。这需要识别、纠正和取消当今传统教育体系中对孩子造成伤害的持久性不平等，这种不平等执着于对孩子进行排名和分类，同时也要停止破坏性的特权囤积。本书向成年人提出挑战，激励他们去应对不确定性的重要工作，并致力于研究青少年发展科学，通过教育和经济途径为青少年提供新的机会。

——苏珊·帕特里克（Susan Patrick）

极光学院CEO

克劳斯在《立足未来》一书中清晰地描述了"人生货币"这一概念，然而年轻人在积累人生货币时存在着深刻的机会鸿沟。她的书将针对青少年的发展研究带到了当今时代。我所经营的这个由三个青春期男孩组成的家庭将因我读了这本书而受益。对于所有制订公共政策的人来说，这本书都是必读书。

——伊丽莎白·葛内斯（Elizabeth Gaines）

儿童基金会的创始人和执行长

本书介绍

这本书探讨了今天的孩子和世界是如何变化的，以及青少年如何为接下来的成年阶段做好准备。大多数学校、课程和青年项目都不是围绕这个未来的现实环境而设计的。

如今，年轻人原本的生活正在向快速变化和充满未知的成人生活过渡。现在是时候更新对年轻人发展需求的理解，并相应地改善他们的学习内容，让他们做好准备了。只有这样，我们才有机会重新设计教育，从而消除关于机会平等的历史性障碍，以及一些有损机会平等的政策和做法；只有这样，我们才有机会构建一个更全面的学习方法，让大家浸润在现实世界中，使竞争环境更加公平。

这本书是为你准备的

本书适用于所有支持青少年学习和发展的人。包括那些在教育一线的人——教师、辅导员、家长和青少年项目工作者，以及那些管理我们的学校、学区和社区项目的人，他们的行动和决策影响着许多孩子的生活和学习轨迹。

当我在学校教书和做行政管理时，就意识到我们在用过时的信息工作，但我没有时间和资源来发现可以更新观念和优化实践的内容。在清晰地了解到了这些制约条件后，这本书从以下几方面来设计：

- 要包括你需要但没有时间去寻找的信息。
- 以轻松阅读和方便实践的方式组织这些信息。
- 无论是从头至尾地完整阅读，还是碎片化阅读，都会让人感到愉快。

在第一章中，我们聚焦于今天的孩子们：他们的经历是怎样的，他们关心什么，以及是什么让他们与其他人如此不同。我们能够看到，他们根本无法想象一个没有高速网络和智能手机的世界。我们将要充分关怀的是：在"大萧条时代"进入幼儿园，又在新冠肺炎疫情肆虐时从高中毕业，渴望身体健康、社会安定、稳定工作与幸福生活的这一代年轻人。

在第二章中，我们审视了眼前日新月异的世界和工作环境。

我们探索机器、势能和一个不断发展的市场是如何重塑我们的生活、学习和工作的。我们思考了未来的工作和技能，以及人工智能（AI）、增强现实（AR）、虚拟现实（VR）等技术将在未来工作环境中扮演的角色。最后，我们试着预测年轻人在未来生活中可能会经历的工作类型。

本书的第一部分清楚地表明，我们几代人一直默认的"成年任务清单"——读完高中、上大学、毕业、找工作、赚钱、升职（或找到更好的工作）、退休、安享晚年的生活，已经不再适用。明天的世界是一个巨大的和不断发展的机会市场，需要某些特定的人生货币才能获得成功。这些人生货币是能力、关系、证书和现金。

本书的第二部分将深入探讨这四种人生货币。

第三章描述了年轻人在过渡到成年之前所必须发展的能力，包括专注、解决问题、与人建立联结和互动的能力。第四章研究了年轻人在学校、职场和日常生活中所依赖的关系和社交资本。第五章讨论了高等教育界正在发生的巨大变化。我们将看到现代化的高中文凭应该包括什么内容，年轻人在选择考取高等教育证书之前需要思考并回答哪些问题。在第六章中，我们坦诚地告诉大家，现金有多重要，但其实我们之前在教育中却很少谈论它。

我们审视学习和生活之间的联系，分析年轻人需要什么来过日子和出人头地。

本书的最后一部分罗列了人生货币铸造者（即教育者）的五大特征，不管在课内还是课外，他们把年轻人学习的地方和空间转变成人生货币丰富的环境。无论是在家里、学校，还是在公司、社区，你都会发现五大特征在发挥作用，或通过现实的人际交往直接实现，或通过虚拟的网络世界间接实现，抑或者这两种方式在同时起效。

直面挑战吧，未来已来

我完成本书初稿的时候，正是新冠肺炎疫情的高发期。一夜之间，许多家庭变成了"家庭学校"。我们再次被提醒，学校并不是孩子获取学术知识的唯一场所。这次疫情也表明年轻人的学习水平与生活水平是息息相关的。我们发现那些家庭中有着更多社会资源及财富资源的孩子，要比那些孤立无援且经济拮据的同龄人表现得更加优异。近几年的现实暴露了危机可以影响年轻人现在及未来的生活轨迹的无数种方式。

在美国，那些在种族和阶级划分的社会和经济断层线上长大的人，受到的打击最大，面对的阻碍也最多。新冠肺炎疫情展现了波动、差距和混乱将以各种方式决定所有孩子的生活。今天发生在年轻人身上的事情将影响他们作为未来劳动力和家庭户主时的能力。很多时候，我们谈论未来的工作，却没有谈论未来的劳动者。或者说，我们谈论学习的未来，但没有谈论不断变化的劳动力和经济环境。本书试图将这些对话结合起来。

其他的一些考虑

在我刚开始写这本书的时候，我惶恐不安地给我哥哥打了电话，他是一名记者及电台节目制作人，我急需他的建议。我的文献调研和访谈都把心理健康和青年成长这两个概念放在至关重要的位置，但我却想写一本关于教育和帮助孩子为即将迎来的未来世界做准备的书，他鼓励我先讨论这些主题，于是我把它们放在这里来叙述。

在接受我采访的人中，不管是年轻人、教师、家长、政策制订者，还是教授、雇主、儿科医生，无论是谁，在谈到如何帮助现在的孩子为未来世界做准备时，都有同样的两个顾虑：

- **今天的孩子们负担过重了。**如果年轻人压力太大、过于紧绷，或是对上学和工作表现得悲观难过，他们就不会成功。这使得我们必须在考虑人生货币之前，优先考虑年轻人的心理健康、身份认同、个体经历、压力管理和认知负荷。管理持续的情绪压力和认知超载的能力，将成为年轻人未来生存的"氧气面罩"。

- **我们所说的"拓展"和"课外"活动是必要但昂贵的。我意外地发现，人生货币经常是通过参与艺术、体育、野营和俱乐部等活动而积累起来的。在教育领域，过去20年，我们聚焦于孩子们的学术成就；而未来20年，我们要将他们的社会和情感发展以及认知能力和身体素质囊括到我们日常关注的范围之内。**

最后，让我震惊的是，据调查研究显示，如今的孩子们将来有很大一部分都会活到至少100岁，但这对美国的有色人种和出身贫困的孩子们来说，却难以实现，很多这样的孩子在美国甚至活不到25岁。如果科学表明所有的孩子都将过上百岁人生，那么我们必须改变谈论未来和青少年为成年做好准备的方式，致力于给予他们一套新的、为成年做好准备、为持续性发展保驾护航的发展路径，这也就是我所说的人生货币和货币铸造策略，这将使孩子们理想中的百岁悦活人生不再仅仅只是一种可能。

译者序

看到这本书的原稿,我眼睛一亮,感觉说出了很多我想说的话,于是主动跟出版社申请翻译这本书,并一直追着出版社问何时能下印厂。希望早一点让更多的人看到,可以让孩子们少受一些无谓的辛苦。内卷这场零和游戏,卷走了孩子的所有时间,卷走了家长的所有资源,但我们却一无所获。

我接触过不少原版书稿,能找到这么多各行各业的专家写荐序和推荐语的,我没见过。夸赞和总结的话被他们都说完了,我没什么好补充的。但这本书毕竟是美国人写的,用了很多美国的案例,回应了很多美国的国情。我想,不如借本书中的几个关键词,聊一聊我们的教育。

关于能力素养

其实，越是那些容易教、也容易测评的能力，往往越是不重要和价值低的、也更容易被人工智能取代的能力，比如计算、背单词、找四选一的标准答案等。孩子在上学的过程中，因为要应付各种考试而被过度强化了对这些能力的训练，而对其他更为关键的软实力的培养，多多少少都被大家忽略了。很多校长和教师们，要么不舍得花时间投入在此，要么并不知道如何去"教"那些可迁移的软实力，对此，我不忍苛责。这时候，家长就需要来补位，因为你比任何人都更了解你的孩子，或许他沟通能力特别强，值得好好发展，将来可以从事与人打交道的工作；或许他很有想法但协作能力相对弱，需要多参与小组项目，理解什么是妥协和包容……

关于社交关系

"社交关系"这个词在中文的语境里会略显世故，甚至有点油腻，希望大家不要片面地理解它。在经济并没有完全实现市场化之前，或者在资源分配还存在一些不公平的时候，人们习以为常地依赖熟人关系：给孩子找学校，给公司找资源，给家人找大夫，给自己找出路等。但一个人无论多大年纪，如果希望以更年轻、更勇敢、更独立、更坦荡的方式立足于未来，成为终身学习者的话，我们就应该赋予这个词一些新的时代意义：比如，结交一些你所在行业之外的新朋友，和观点不同的人进行理性且礼貌的辩论，不加评判地倾听年轻人的想法，尝试挑战自己没做过的、舒适圈以外的事情。

关于资格证书

"万般皆下品，唯有读书高"的观念，对中国乃至东亚地区的百姓影响颇深。"资格证书"这个词也容易让人陷入"高学历即代表高收入"的刻板理解。没错，在信息匮乏的过去，知识就是力量，学历真的可以改变一个人的命运。但在知识已经无处不在且唾手可得的人工智能时代，为获得学历而投入很高的时间成本和经济成本，其性价比越来越低，且并不适合所有人。2022年面临就业的高校毕业生人数再创新高，首次突破1000万；同时，国家统计局在2023年4月份公布的数据显示，全国16~24岁城镇青年劳动力的失业率均值高达20.4%。如此真实的数据已经摆在我们面前，与其让孩子等到求职那一刻才开始着急，不如让他们在"读圣贤书"的同时也做些家务、学些技能，提前学习一些自己既有兴趣还可以安身立命的本事。

关于现金储备

"现金储备"的关键词是储备，而不是现金，我有点担心强调它会加重人们对财富的过度追求和依赖。过去几十年，中国经济的快速增长让一些人几乎对丰衣足食的生活标准习以为常，甚至对那些跟幸福其实无关的奢侈品生出无谓的向往，给自己平添了压力和烦恼。我无意评价或道德绑架那些家底殷实的朋友，但希望提醒年轻人，不要误以为只有豪宅豪车才能证明自己的价值，只有身穿国际大牌才能将自信和"成功"昭告天下。与其过早地让房贷的重压使你早生华发，不如尝试挣脱陈旧的世俗标准，认真梳理自己真正的渴望，并放慢脚步，去享受那些你其实可以支付的小确幸。

关于公平

每个人生来不同，我们不会去比较凤梨和大葱。那些不擅长纸笔考试的孩子，却有着惊人的创造力和动手天赋。让所有的动物都通过比赛爬树来决定谁是森林之王，动物们都不会答应。

在知识唾手可得的时代，除了上大学，还有没有别的路径可以实现真实有效的学习？除了获取文凭，还有没有别的方式证明自己既不懒、也不笨？在充满不确定的时代，即使恐慌，也不用在一条赛道里卷个你死我活，而是要有更多元的评价标准，让成功不再只有一种答卷，让幸福不再只有一种标准。

在我眼里，公平是让每个人有机会得到他最需要、也最适合他的东西。

关于安全

我刚回国的时候，也曾狠狠地批判过美国学校非常普遍的校园霸凌。但其实校园内还有很多隐形的危险同样可以夺走孩子的生命，无论是成绩好的，还是成绩差的。尤其在那种竞争异常激烈的环境里，孩子们的内心变得格外脆弱。

如何在还没有发生巨变的大环境中，减轻孩子们的课业负担和心理压力，从只关心成绩，转而去关注并及时回应他们的情绪变化，是每个家长和老师首要的责任，这也需要家长和老师具备一定的勇气和智慧。

关于差距

中国不是移民国家，没有那么多种族割裂的问题，但乡村教育存在的一些问题，值得我们深思。

在乡村，不少孩子一出生就被送回老家，只有这样大人们才能安心地在城市打工。我们误以为带娃是老人最擅长、也最爱做的事，但却忽略了在手机时代隔代养娃面临着全新的挑战。孩子童年里缺失的亲子陪伴会给他们造成不可逆的心理创伤，可能需要很长的时间去治愈，实在是得不偿失。

这本书最大的价值，就是让埋头做题的孩子们把笔先放一放，让我们也停下忙碌但却不一定值得的脚步，和已经在楼下按门铃的"未来"见上一面，和以ChatGPT为代表的新技术协作一下看看，切身感受一下，世界正在以怎样的速度，朝什么方向发展？未来的社会需要怎样的人才？我们（不光是孩子）如何才能成为那样的人才？

毕竟，如果方向错了，越努力，偏离终点越远。

钱志龙

著名创新教育推广人和实践者

UNSCHOOL创始人

美国南加州大学教育学博士

推荐序一

　　斯蒂芬妮·玛丽亚·克劳斯身上有股与生俱来的力量。几年前，当我在圣路易斯的一个会议上做主题演讲时，一位同事向我介绍了斯蒂芬妮。在短短几分钟的时间里，我就感受到了她的激情和智慧。我们交流了不到一个小时，我就承诺要帮助她找到一条通路，把她从生活中获得的智慧以及她通过运营一家特许学校（专为那些信用不足的和超龄的孩子所开设）收获到的无与伦比的经验传播到全国。这个承诺使我们迅速达成合作，并催生了一个论坛，这让我们的朋友之情和同事之谊在我们一起探索的每一次正式或非正式的合作机会中，都得到不断加深。

　　我们的第一个合作项目非常激动人心。该项目始于一个大胆的挑战——创建一个青少年成功所需的通用能力清单。这个清单既要清楚地表达年轻人的心声，引起多个社会系统（从教育到少年司法）领导人的共鸣，同时也要基于我们对学习和发展的所有认知为基础。这是论坛工作人员和我多年来梦寐以求的事情，但一直未能实现。然而在斯蒂芬妮张罗的第一次员工会议上，仅仅用时一个小时，我们就知道她可以促成这项工作。

斯蒂芬妮与我们的团队分享说，现在的高中毕业要求中有很多传统的衡量标准落后于实际情况起码四年甚至更长时间，我们要致力于使这些要求和标准对今天和未来的学生来说，具备更多的相关性和可及性。斯蒂芬妮和她的团队将密苏里州的毕业要求分解为21项可获得的能力，学生需要在21岁生日之前掌握这些能力。他们称之为"21岁的21能"。多么有创意的想法！又具备极强的实操性！然而，这是一个不平衡的清单，因为太多的能力集中在特定的学术技能上。当被问及这种不平衡时，斯蒂芬妮回答说，之所以必须从学术技能开始，是为了满足问责制的要求。然而，她已经尽可能地把更广泛的生活技能塞了进去。

"设计就绪：青年准备工作的科学（和艺术）"项目是我们希望送给那些和青少年打交道的从业者和管理者的一份礼物，这类人群的工作地点几乎能够覆盖青少年学习和成长的所有场所。由于缺乏资金，这份礼物一直处于搁置状态。但我们的想法以及我们希望这份礼物能够跨越各种障碍并最终实现的热情，仍然存在。即使我们无问西东地寻找良方，但我们一直坚持一种策略，那就是鼓励决策者把"年轻人和他们战胜困难的动力"放在每一次讨论和决策的核心。当然，我们的潜在目的是找到一种方法来交付这份礼物。

可以说，斯蒂芬妮已经交付了这份礼物。而且当今时代比以往任何时候都更需要这份礼物。从2020年开始，这样一个时代逐渐走到我们眼前：几乎所有关于年轻人中为什么一些人"成功"而另一些人不成功的假设都将受到事实的检验；而在年轻人的成功中，其个人所在的家庭、学校、社区组织，就如同他们的社会、物质和经济背景一样，发挥着相对其他因素来说更为重要的作用；还有巨大的资产差异背后的根本性社会原因，也发挥着重大作用。这几年，学校、俱乐部、法院、营地和社区中心的教育工作者，陆续公开承认他们所拥有的工具和规划已经不足以完成手头规模庞大的教育设计和搭建工作。

本书从"如何才能确保年轻人做好准备"这一问题切入。这是个正确的出发点。当然，我并不是说我们的学校不需要改善（许多书以改善学校为出发点），而是因为学校只是达到目的的手段，当目的被狭隘地定义为学术认证时，所有探索成功的途径和所有了解阻碍的机会就被截断了。新冠肺炎疫情很有可能使我们进入了"重新想象学校"的新一波浪潮。

这本书和其他同类书，可以帮助那些直接负责支持年轻人发展等相关工作的人在他们身处的只注重学术能力和学术证书的传统教育体系中，能够获得以一种更为广阔的、着眼于年轻人所处的整个生态系统的认知视角来开展工作的信心和说辞，从而积极地去平衡各项针对年轻人的要求，帮助年轻人建立关系网络、打造更广泛的能力，而这些往往会影响他们成年后获得现金和贷款的能力。

《立足未来》不是对课程或经典项目的回顾，而是对影响年轻人专注力、学习力、成长和成功的能力的各种因素进行了全面的概述。书中，斯蒂芬妮巧妙地讲解了如下内容：

- 解析了关于学习和成长的科学。通过易懂的、有用的参考资料和例子，不仅说明了我们的大脑是如何处理和创造意义的，也说明了压力和信息过载是如何干扰学习的，同时还说明了年轻人所面临的要求和机遇又是如何使他们更难于管理自己正式和非正式的学习过程的。另外，书中还谈到了我们成年人（从家长到教育者）可以做些什么来保护和引导年轻人。

- 基于在"设计就绪"项目中已经开始的工作，我们对众多杂乱无章的缩略语和技能清单进行了整理和解释。即使你认为自己对社会情感教育一无所知，这一部分也值得仔细阅读。

- 清晰地表明了证书和能力是不能画等号的，同时两者之间如果任选其一并不足以确保成功。

- 向我们介绍了要想成为人生货币铸造者所需要做的、明确的、重要的事情，这与研究直接相关，并具有实操性。

当我们刚开始宣传推广"设计就绪"项目中的观点时，我们创造了一口号——"准备好是一种权利"。我在整理这本书的手稿时又想到了这句话。"准备好"被定义为应对挑战和机遇的能力及动力。

这本书正是在年轻人如何为未来做好准备这个问题上，提出了一个强有力的论点，我期待有更多的人能够通过斯蒂芬妮的这本书，了解人生货币的概念，帮助年轻人立足未来。

凯伦·J. 皮特曼（Karen J. Pittman）

青年投资论坛联合创始人、总裁和首席执行官

推荐序二

我们如何将当前和未来的工人，与高薪、抢手的工作机会联系起来？我的职业生涯都在致力于回答这个问题。事实上，对我来说，这一直不仅仅是一个职业。

斯蒂芬妮和我都是"泽西女孩"。我在新泽西州特伦顿郊外长大，一直关注着劳动力发展的问题。我的父亲是新泽西州劳工部的领导，我的母亲是当地职业和技术教育高中的办公室主任。关于学校和工作交集的讨论——大到国家政策的考虑，小到努力寻找出路的学生的困境——是我们饭桌上的永恒话题。

现在，几十年过去了，斯蒂芬妮和我都有幸成为母亲。她有两个男孩，而我有两个女孩。像所有的母亲一样，我希望我的女儿们拥有在职场中茁壮成长所需的"工具"。在当下，这并不是一项简单的任务。我曾被无数次教导过的人生公式——上大学、找工作、发展事业、最终（如愿）退休，如今已经过时了。这对我的女儿们或斯蒂芬妮的儿子们都不适用了，当然对于他们的同龄人而言也同样不会适用。以不断的技术革新为标志的当今世界，发展得太快了。而对于目前在各地劳动力市场上的许多人来说，"传统"的公式已经不起作用。

我在美国劳工部工作了十多年，在三届总统任期内通过政策、立法和监管举措，致力于解决教育和劳动力领域的差距和挑战。这期间，我就像被一个抵制变革的系统绑住了手脚。虽然我做了当时很少有联邦官员会做的事情，但我最终离开了。

这段经历以及我随后在非营利组织"为未来工作"（Jobs for the Future, JFF）工作的十年，塑造了我对教育和劳动力市场的改革理念。我目前在JFF担任总裁兼首席执行官，我很荣幸和斯蒂芬妮成为同事，我们一起采用双重转型方法进行改革，并对公平做出了新的承诺。《立足未来》完整呈现了这一理念。

为了重新构想教育和工作，我们必须接受体系内的变革，同时推动体系外的变革。这两种策略单独使用都不如两者结合使用有效。通常情况下，在体系内部很少会有大胆或颠覆性的想法，但是体系结构是推进大规模变革和提供服务的有力工具。利用好现有体系的工具性，同时也在体系外推进工作，并投资于创新解决方案，这样，我们就可以取得切实的、长足的进步，为所有人提供经济机会。

《立足未来》研究了年轻人为了应对明天的世界所需要做好准备的内容。一个高中文凭，甚至一个学士学位，都不足以让年轻人发展出一份蒸蒸日上的事业。斯蒂芬妮颠覆了传统的教育模式，诚实而清晰地阐述了年轻人成功所需的人生货币（不仅仅是学位，尽管证书很重要），同时还描述了教育者可以用现有的工具铸造这些人生货币的方法。

我在目前的岗位上每天使用的许多技能，都是我在青少年时期的工作中（比如，在Bonanza牛排馆担任"沙拉吧经理"，在泽西海岸的一家男士服装店做零售时）学到的。在斯蒂芬妮所说的"救生索"的帮助下，我才能够将这些人生货币拼凑起来，建立起一条向前的道路——这与我的学术经历基本是平行发展的。

长期以来，我们的教育体系一直与工作世界相脱节，这对许多年轻人造成了严重的影响，特别是对那些没有掌握劳动力市场所需的社会资本的人。今天的年轻人在离开高中时，没有获得和掌握成功所需的证书或技能，也没有一个导航系统来指导他们进入职场的方向，或指引他们走向成功的道路。大多数大学毕业生没有什么实操经验，也通常会感到没有做好就业的准备。

与我一起工作的首席执行官们经常告诉我，他们需要能解决问题的人、有批判性思维的人和擅长合作的人，但我们的教育体系并没有让年轻人具备这些技能。企业雇主当然希望员工具有技术能力，但他们也希望员工具有适应和学习的能力，因为随着技术的不断发展，今天的工作在五年或十年后可能不复存在。在一个自动化技术不断重塑工作场所的时代，年轻人需要为一生中多种不同类型的工作做好准备，这要求他们不断地重新掌握技能。他们需要成为终身学习者，而斯蒂芬妮已经为这个未来设计了实用的、可操作的和具备普遍性的解决方案。

在这个快速变化的时代，《立足未来》为我们这些寻求如何为年轻人求学和求职做好准备的人提供了一个路线图。无论你是家长、教师、管理人员，还是政策专家，现在是时候拥抱新的教育模式了，有意识地关注公平和平等，这将有助于建立一个值得期待的未来。

玛丽亚·弗林（Maria Flynn）

"为未来工作"（JFF）公司总裁兼首席执行官

前　言

所有的作者都想写一本历久弥新的书，我也不例外。在《立足未来》一书中，我想展示的这些想法对今天的孩子和未来的孩子都同样重要。就在新冠肺炎疫情使地球陷入严重的公共卫生和经济危机之际，我写完了这本书。

在书中，我探讨了每一个年轻人进入成年阶段所需要的东西。通过这本书，我期待让每一个年轻人都能有一个更好的路线图来导航自己的人生。

要想真正致力于帮助年轻人在这个世界上立足，我们必须在两个层面上运作：一个是我们正在生活的层面，一个是我们正在建设的层面。我们必须帮助年轻人获得他们未来生存所需的东西。我们必须设法了解年轻人面对的困难和阻碍，弄清楚他们还需要什么才能做到立足未来。但仅仅这样做仍然是不够的。我们还必须与这些年轻人合作，共同创造我们期待的未来。一些年轻人已经在起带头作用，他们需要成年人帮助他们实现对未来的愿景。这是一项需要个人和集体共同投入的工作，要求我们具备内省力、表达力和建设性能力。虽然有太多的事情我们无法控制，但同样有太多的事情是我们可以做的。我们可以在破碎中发现美，因为还有希望和重新设想的空间。

如果我们能做到这一点，那么也许有一天我们的孩子们就能写出《已立足未来》这样一本讲述他们达成立足未来的过程的历史书。我们绝不仅仅是为了得过且过，而是为了建设一个更加美好的明天。

斯蒂芬妮·玛丽亚·克劳斯

（Stephanie Malia Krauss）

目 录

第一部分　变化的世界

第二部分　人生货币

第三部分 铸造人生货币

Making It

| What Today's Kids Need for Tomorrow's World

第一部分

变化的世界

CHAPTER ONE

第一章　今天的孩子

————

　　我的大儿子从一年级开始就反反复复地要求我们给他买智能手机。他才6岁，却已确信他是全校唯一没有手机的孩子。当我拒绝他时，他改变策略，转而开始索要智能手表。他和弟弟是在网络和数码设备触手可及的时代成长起来的，有时候我会觉得他们对这些设备的钟情程度甚至和他们幼儿时对毛绒玩具的热爱程度一样深。

　　一开始，我对孩子们使用科技产品这件事，采取过错误的放任态度。但这种态度在我的干儿子和我们一起度过了一个暑假之后彻底发生了转变：我和孩子们迅速从关于"使用科技产品时间"的泛泛而谈，升级为关于网络游戏和社交媒体的使用安全的讨论。当时我完全没做好准备，还在搜索引擎和妈妈论坛上寻求咨询。

在我的干儿子说起他的网友之前，所有事情看起来都没什么问题。直到他和我花了几个小时来浏览他的"朋友们"的主页，我发现这些"朋友"大多是在开放地谈论毒品和性关系的成年人。我无法理解这些人究竟是怎么在一个儿童门户网站建立账号的。

虽然之前我好像还不算是个彻底的勒德分子（持有反机械化及反自动化观点的人），但此时，我迅速采取了不完美的教养措施——我开始禁止孩子玩游戏，并把数码设备藏到了孩子们够不到的高处。我提到那些硅谷父母们的做法（他们不让孩子使用iPad、把孩子送到无科技学校，并让保姆把孩子的手机留在家里），为自己的行为做了合理化解释[1]。我告诉自己，不让孩子接触科技产品是明智的举动，因为智能手机也许会导致"癌症"[2]，太多的社交媒体只会让我的孩子们感到悲伤、恶心或孤独[3]。

在这样的教育时刻，也许我表现得并不完美，但我真的很焦虑（尤其是当我不在家的时候），我迫切地想要放慢孩子们沉浸到网络世界里的速度——那是一个我无法完全理解的世界，一个巨大的机会际遇与风险并存的世界。

数字原住民

今天的孩子和今天的成年人，在童年时期与科技的关系、对科技的需求方面，有着天壤之别。

我上初中的时候，家里拥有了一台台式电脑。我是在终端设备的发布和升级中成长起来的，经历了从笨重的台式机、车载电话，到更为便携的笔记本电脑、翻盖手机，再到现在如影随形的智能设备的整个过程。

与此同时，我的孩子们自出生起就生活在一个科技设备已经足够智能、快速、轻薄，且外观各式各样的世界里。他们这一代被称为"数字原住民"。我的大儿子出生于2010年，比iPhone、Twitter、Kindle、Airbnb和比特币诞生得还要晚[4]。他甚至在还不会走路或说话时，就已经知道了怎么打开自己喜欢的手机应用。

今天的父母和他们的孩子在童年时期常用的科技设备和工具上的代际差异，主要有如下这些：

童年时科技设备和工具使用情况对比

目的	今天的父母	今天的孩子
查阅资料	大不列颠百科全书	苹果的Siri和亚马逊的Alexa
娱乐游戏	俄罗斯方块	我的世界（Minecraft）、罗布乐思（Roblox）
音乐娱乐	盒式磁带、光盘	声破天（Spotify）、油管（YouTube）
居家观影	百视达（Blockbuster）	网飞（Netflix）、迪士尼+（Disney+）
购物	百货商店	亚马逊
日常通讯	固定电话	智能手机和手表
记录日常	折叠便签	色拉布（Snapchat）、Instagram
上网	拨号式网络	宽带、Wi-Fi

把孩子们和这些设备、应用强行分离，就像让他们离开最好的朋友一样痛苦。当我的孩子还小时，我们对此类"灾难"有一个称呼，即"三T综合征"——科技产品分离之怒（Technology Temper Tantrum）。其表现包括一系列嚎叫、大哭、暴怒以及不时地拳打脚踢。在我们家，当男孩们不得不立即关闭科技设备，与正在播放的节目或内容突然断开连接时，"三T综合征"的"症状"就会达到顶峰。尽管这些年，家中的"三T综合征"已经缓和了许多，但我依然觉得它还在背后潜伏着。

对于青春期的孩子来说，数码设备就像最好的朋友一样重要，而且使用频率就像他们活动每个身体部位一样频繁。我母亲曾经在一个高中班级里提问，如果发生火灾，同学们将会优先带什么东西出来，每个学生都说是智能手机，没有人的选择是家人、宠物或照片。对今天的孩子来说，智能设备是他们和外界连接和自我充电的重要方式。

科技依赖

心理学教授简·M.腾格（Jean M. Twenge）对这种强烈的科技依赖和迷恋做过研究，她发现当今的孩子们宁愿玩手机，也不愿和家人待在一起，许多孩子也都承认他们对于数码设备的喜爱超过了与人沟通。[5] 腾格把这一代人称为"i世代"。

在她的采访中，年轻人分享说，他们睡觉时把智能手机放在枕头下，一整夜间，经常会醒来查看新消息通知。她的调查显示，当今的孩子每天花在智能设备上的时间多达6个小时，其中包括发短信、刷社交媒体、上网和玩游戏。我所开展的访谈也证实了这一点。一位母亲告诉我，她的一个侄女因为玩电子游戏而癫痫发作。女孩的父母对于让女儿戒掉那些电子游戏的艰难程度感到十分震惊——即使女孩知道这会损害她的健康和幸福，但她依旧欲罢不能。

虽然这与我们童年时的状况天差地别，但却与我们现在的工作生活颇为相似。根据我手机记录的数据显示，作为一名远程工作者，我每天花在手机上的时间高达3~4小时，包括打电话、发消息、刷社交媒体和发邮件。再算上使用电脑的时间，我使用科技设备的时间立马就赶上甚至超过了现在的孩子们。新冠肺炎疫情以来，我使用科技设备的时间更是大幅增加，我现在比以往任何时候都更为依赖Zoom等视频软件和办公平台。

不幸的是，我们对什么是过度使用科技产品以及它的长期影响了解得还不够，尤其是对于那些从幼儿时期就开始使用科技产品的人来说，我们的相关科学研究还没有跟上。

科技差异

当学校因新冠肺炎疫情而关闭时，科技依赖就有了全新的含义。突然之间，持续学习不得不与持续接触数码设备和互联网绑定在了一起。

不幸的是，在美国，很多人的情况却并非如此。在某些极端的案例中，一些年轻人完全与网络世界相隔绝。一位老师告诉我，有一天他去上班，学校要求他把打印好的学习资料发放给他的学生；然后没过多久，老师们就被遣送回家了。他所在的学校是出了名的科技设备紧缺和资源不足，所以在学校"停摆"期间，他的学生所得到的支持和线上学习的机会非常少。

我还从一些社区和学校的工作人员那里听说，疫情暴发的最初几周他们如何疯狂地为那些没有电子设备的学生提供电子设备支持。但即使是这样，也常常是无济于事。这些学生中，很多人家里压根没有足够强的网络信号，根本无法上网、线上学习和提交作业。目前，只有那些负担得起宽带的人才能获得线上学习的机会。

有初步迹象表明，新冠肺炎疫情所造成的学生学业影响，远比我们这些把基本智能科技视为理所当然的家庭所能想象的要严重得多。新冠肺炎疫情揭露了美国在种族、阶级和地理位置存在的"数码隔离"现象，对于缺乏资源，无法获得稳定、流畅的网络连接的人来说，学习在这段时期变得无比艰难。

超级连接

这种对超级连接的需求能带来什么好处？2006年至2009年间，唐·泰普斯科特（Don Tapscott）领导的一组研究人员对年轻的"千禧一代"（"i世代"之前的一代）有了更深刻的了解。

他们的研究结果发表在《数字化成长：网络一代如何改变你的世界》（*Grown Up Digital: How the Net Generation Is Changing Your World*）一书中。泰普斯科特的团队发现，当年轻人充分接触科技时，他们似乎更愿意合作，能够更快地完成工作。"数字原住民"似乎比前几代人更了解国际事务和时事，泰普斯科特希望这有助于孩子们增加对多样性的欣赏和持有更多的利他主义态度。

另一方面，电子设备也可能导致年轻人发现并参与到造成分裂和有害的网络社区和对话中。在某些情况下，年轻人受到互联网的影响而变得激进，他们的父母或监护人通常却毫不知情。

虽然社交媒体和虚拟社区存在缺陷，但这些渠道确实让年轻人能够更直接地参与到他们所关心的问题的讨论中去。对于今天的大多数孩子来说，他们总是可以选择在网上搜索到或参与到他们能想象到的几乎任何事情。

总而言之，我们对年轻人的科技依赖和数码接触的担忧可能是短视的。我和我的同事铃木一郎（Ichiro）谈过，他对数字世界很熟悉，也很擅长。虽然他不是数字原住民，但他可以冒充数字原住民。因此，他和他的孩子们可以面对面地交流，也可以在网上交流。这种积极的参与，使虚拟世界和现实世界之间的活动过渡得更加流畅自然。在他的家里，使用科技设备的时间没有限制，因为在两个世界之间穿梭是生活的一部分。令人惊讶的是，他的孩子们不会像我的孩子那样因为与科技产品分离而发脾气，而且他还发现，他的孩子们在参与现实世界时和上网时一样兴奋。铃木一郎和他的家人给了我希望，当我们进入一个孩子和父母都精通数字化的未来——当上网不再那么陌生、也不被禁止时，可能会有越来越多的益处，而不是风险。

数字足迹

对许多孩子来说，他们身上所发生的数字故事，从出生就开始了。说实话，如果能够时光倒流，我会对我在网上分享的儿子们的里程碑和重要时刻有更敏锐的辨别能力。和许多人一样，我发布并记录了孩子的第一次超声波图、出生照片、第一次吃东西的视频和有趣的故事。当我和丈夫的手机没有空间存放视频时，我们就上传到YouTube上。虽然如今我已经降低了分享的频率，但我仍然使用社交媒体作为一种分享照片、祝福和家庭公告的方式。

作为父母，我这样做是为了方便，因为大多数父母都是这么做的。问题是，我和我的同龄人在没有得到孩子们允许的情况下，无意中为他们留下了数字足迹。我把他们的形象和信息交给了那些道德和行为日益受到质疑的网络公司。每次我上传这些照片或故事，都无意中允许了这些公司在未来分享和使用这些信息。

即使我们禁用了共享功能，但我们发布在网上的信息还是经常会在我们不知情或没同意的情况下被分享和出售。有证据表明，像脸书这样的社交媒体平台已经丧失了对谁能访问这些信息的追踪和控制能力。[6]

这意味着我们的孩子在网络世界里，除了要面对网络游戏中成人伪装成孩子的风险和来自同龄人的网络欺凌，还面临着更大的潜在威胁。他们也容易遭遇到无数群体利用他们的数据和信息来驱动更大的利润、瞄准他们的消费手段，甚至利用他们的信息来进行网络犯罪等违法行为。

我们很多人在孩子还是婴儿的时候就开始为他们留下了数字足迹，随着他们自主上网，数字足迹将急剧增长。这些数字互动和印象甚至可能影响未来的企业招聘决定。

2018年11月，《华盛顿邮报》发表了一篇文章，揭露了人工智能（AI）是如何被用来挖掘年轻人的在线活动，以确定他们是否适合某些工作的。这篇文章的标题是《招聘：最完美的保姆必须通过AI对尊重和态度的检查》（"Wanted: The "Perfect Baby sitter"

Must Pass AI Scan for Respect and Attitude"）[7]。Predictim这款在线服务机器人这样描述道：该服务通过扫描候选人在社交媒体上发布的或与他有关的信息，来判断候选人是否"合适"这份工作。然后，人工智能算法会生成一个评估结果，暗示应聘者可能是一个好员工还是坏员工，他们是否违过法，或态度恶劣。

随着孩子们在网络上花费的时间越来越多，他们会和朋友互动或持续发布动态，不知不觉中就把自己的朋友圈或个人详细情况的所有权让渡给了网络公司，包括苹果、脸书、抖音和色拉布（Snapchat）。网络公司把这些信息和那些天真的父母（包括我自己）所发布的内容拼凑起来，就得到了那些数字原住民的名字和所有数字化记忆，且可以通过各种还不确定的方式去使用它们。[8]

混乱原住民

今天的孩子除了拥有数字化的超级连接、科技依赖、数字足迹，经常被数字化信息分散注意力，还有什么特点呢？

试想一下，"今天的孩子"指的是所有出生在21世纪的人，在这个范围内，年龄较大的孩子正是出生于21世纪前几年。美国经济大萧条时他们在上小学，新冠肺炎疫情暴发的头几个月，他们高中毕业。他们人生的里程碑都沉浸在美国的危机中。

他们的弟弟妹妹，比如2007年以后出生的那些，他们出生在智能手机和社交媒体出现之后，他们的出生很可能是在网上公布的，他们不会理解没有Siri或Alexa这样的数字助手的生活。

总的来说，美国这一代年轻人更重视安全和稳定，他们的童年是被经济压力、公共卫生问题、种族主义、暴力和气候变化无情地轮番定义的。今天的孩子已经不仅仅是"数字原住民"了，他们还是"混乱原住民"。他们对自己的生命和生计感到严重关切。正如一位执业护士曾经告诉我的，我们应该称他们为"存活的一代"。

随着这些存活的一代进入大学、开始工作，他们似乎比充满激情和乐观情绪的"千禧一代"的哥哥姐姐们更加务实和愤世嫉俗。"千禧一代"被分配了自我标榜者和梦想家的角色，而今天的孩子则对一份好的工作和稳定的薪水更感兴趣。[9]

尽管这些年轻人的成长环境使他们更有机会成为创新者或企业家，但许多人却更喜欢为别人打工，对冒险开创自己的事业不感兴趣。职场证明了他们的犬儒主义是不无道理的。新冠肺炎疫情期间，许多大学校园一片混乱，大量曾经可靠的第一份工作——包括餐馆、零售和酒店，被病毒和随后的经济衰退所摧毁。

多样性和包容性

如今的孩子在各个层面的差异性上，也比以往任何时候都更加多样化。

更多地去接触不同的人、不同的文化和不同的社区，可能有助于我们在现实世界和网络世界之间频繁切换的生活。年龄稍大的孩子和年轻人可以与千里之外的朋友或来自世界各地的陌生人，一起玩电子游戏或在社交媒体上交流。这些不断变化的动态，如果能得到那些能够自我反思和关心年轻人的成年人的支持，那么如今的孩子们就会比以往任何一代人都更能接受差异的存在。

在扁平化、快节奏的世界里长大

正如《纽约时报》记者和作家托马斯·弗里德曼（Thomas Friedman）所说，今天的孩子生活在一个"扁平化"和"快节奏"的世界。他们习惯于即时连接，这使他们能够不断地在网络中找到他们需要的内容。通常，在获取这些内容的过程中无须等待，没有广告，也无须排队。这包括向谷歌或Alexa寻求家庭作业的帮助，或播放最喜欢的歌曲。对一些人来说，这意味着他们可以通过拼车软件叫车，这样他们就不用等公交车或让父母来接他们了。对于成年人来说，这种随时可访问和即时获取的特性可能会造成极大的干扰，甚至引起认知错位。但对我们的孩子来说，这就是他们的生活方式。

新的脑回路

作为数字化和颠覆性的原住民，年轻人的基础脑回路得到了进化。正如我们的生活所展现的那样，我们的经历和环境塑造了我们。今天的孩子成长在一个瞬息万变的世界中，经历了无数个历史性的第一次。他们不仅是看上去和我们不一样，而是本质上就与我们不一样。他们的童年经历和不断变化的环境，推动着他们以全新的方式去学习、工作和生活。

前1/4生命中的脑回路

尽管我们一直在学习和改变，但一生中大脑发育的主要成长和转变发生在两个时期：幼儿期（0~5岁）和青春期（10~26岁）。这两个时期是大脑最具可塑性的阶段，这意味着大脑会不断地被构建和重塑，以应对刺激和其他各种情况。大脑的发育决定了今天的孩子在未来世界的表现，而这个过程在生命中的前1/4时期就已经被基本定型了。

孩子从出生到上学前，先学会了往后余生所需要的基础技能，包括沟通技巧和情绪表达。[10]一旦青春期到来，孩子就进入第二个也是最后一个快速发展成熟期，在这个时期没被开发的所有脑回路将被遗弃。大脑整合并形成持久的线路板，即神经网络。这也是大脑前部完全发育的时候——这部分叫作脑前额叶，负责执行功能。

执行功能负责自我调节（控制思想、感觉和行为的能力）、批判性思维和创造性思维以及推理和计划的能力。[11]强大的沟通能力、情感表达和执行能力，是人们可以为成年世界的复杂性做好准备的最重要的事情之一。

大脑短路

2014年，丹尼尔·列维京（Daniel Levitin）出版了《有组织的大脑：信息超载时代的正确思维》（*The Organized Brain: Thinking Straight in the Age of Information Overload*）一书。这是第一本探讨永不停歇的信息冲击对我们所有人造成的影响的书。列维京将这种现象称为"信息爆炸"，并将其描述为我们日常生活中的一种负担，它让我们中的许多人感到持久的不知所措和疲惫。

我们需要考虑，年轻人在经历信息爆炸的同时，神经可塑性的强化期也发生在他们身上，这意味着什么？今天的孩子们在一个信息爆炸的时代，脑回路不断被构建、重塑。随着他们的成熟，他们将受到越来越多的要求和干扰的轰炸。我们所有人，尤其是孩子，都缺乏能够同时关注很多事情的认知能力，对于忽然闯入眼帘的众多信息，我们无法判断它们的重要性和紧迫性。

在某种程度上，我们的大脑很像智能手机，太多的信息涌入会造成操作系统负担太重而无法处理。当大脑过载时，运转会慢下来，并产生预想不到的错误。这种情况如果中断或干扰了学习及发育的进程，就会变得尤其危险。

今天的孩子们如果可以进化出一个速度更快、存储容量更大的脑部操作系统，那他们就会轻松多了。然而，这是不可能的。我们的大脑没有足够的空间来容纳所有来自环境和体验的刺激。并且我们还没有找到可以更新大脑型号的方式。那么，想要在未来世界中生存，今天的孩子们就需要以更好、更持久的方式来吸收、加工和过滤信息，储存和恢复信息，并学会关闭或暂停部分程序来避免大脑过劳、性能故障或"死机"的可能。

认知负荷与信息成瘾

如今的孩子需要制订策略来帮助自己定期"关机"，从众多干扰和手机消息通知中获得喘息的机会。他们还需要发展能够转移注意力以及对事物优先级进行排序的能力。这些应对机制将帮助他们克服对数字连接和信息不断刷新的强迫性需求。而这种强迫性需求的诱惑，可能就是那么多高中生抱着手机睡觉的原因吧。

研究表明，人们从毒品、性和其他刺激（如蹦极或坐过山车）中获得的"感觉良好"和"战斗或逃跑的化学物质"[12]，也会在电子设备收到新信息通知时释放出来。一些研究人员认为，这种现象就像毒瘾一样严重。[13]

今天的孩子们不仅陷在信息海中，而且变得对信息上瘾。我采访过的一位儿童治疗师留意到，她的年轻客户似乎总是过度兴奋，并期待即时满足。她认为这是导致焦虑和抑郁以及多动症（即注意缺陷与多动障碍，ADHD）发病率上升的原因。正如治疗师所说，"焦躁不安、易怒和不满"是一个人正在与成瘾或依赖问题做斗争的迹象之一。

过载的线路板

没有什么能比贫穷的经历对一个年轻人的脑回路的形成和发展造成的打击更大了。研究者发现，收入不均会损害儿童的大脑发育，并抑制大脑的执行职能，包括自我管理等重要技能。贫穷会给人带来压力，而且会造成大脑和身体的短路。[14]这也是为什么富裕家庭的孩子看起来有更好的语言表达能力和课堂表现的原因之一。这些脑回路至关重要，负责快速思考、强大的沟通语言和执行功能。而这些能力对于就业和未来应对复杂挑战，具有越来越重要的影响。[15]

由于大量的信息涌入，孩子们已经在超负荷工作了，如果再遭遇经济困难，他们就会被推向认知带宽的边缘。这些年轻人每天都在压力和极度紧张中度过。

CHAPTER TWO

第二章　明天的世界

———

我已经很多年没有去杂货店了，近年来我越来越依赖网上购物的应用程序，选择付钱让别人为我买东西。最初，我只是每年给自己买一次圣诞节礼物。当应用程序告诉我使用它们的服务比去商店购物节省了多少时间时，我忍不住暗中窃喜。

如果几年前有人告诉我，我可以付钱给一个随机的陌生人让他为我选购商品并送货上门，我一定会说他们疯了。而现在，为了换取周末的一些清闲时光，或者为了在新冠肺炎疫情期间能够安全地待在家里，我会毫不犹豫地告诉对方我的地址和购物清单。我很善于将我的购物需求外包出去，可以说，我现在非常依赖这些服务。如果是我在网上买不到的东西，我也会尽量使用"免下车交易窗口"或"路边自提"服务。

在大洋彼岸，网上商店甚至更受欢迎。机器人在仓库里工作，寻找人们在购物网站上订购的东西。如果需要退货，人们可以在网上操作，不需要人工互动。英国的网上超市Ocada已经将大多数日常工作自动化。机器人和人类一起工作，但大多数程序化任务是由机器而不是人完成的。Ocado每周大约要处理350万件商品。与此同时，亚马逊和其他公司开始试验无人机送货服务——有朝一日，无论是包裹还是比萨饼，所有东西都可能由无人机空投到你的家门口。

我每次在网购平台上买东西，都是在为一组人机共同驱动的劳动力提供动力燃料。这是人类和科技作为一个整体来制造产品或提供服务的方式。虽然这种关系自工业革命以来就存在了，而且如果考虑到更原始的机器，这种关系则拥有更为久远的历史。但我认为，智能机器人、3D打印机、无人机和自动驾驶技术等新兴科技，已经将这种人机关系提升到了一个全新的水平。

以我使用的购物APP为例，我下订单、处理付款、等待分配为我购物的人员、跟踪购物进度，并留存一个随时可查看的购物清单。我依靠一个真实的人去为我取货和送货。但正如Ocado零售公司的创新所揭示的那样，这些由人工分配的任务也可以实现自动化。

在明天的世界里，机器人会替代我们完成大多数的常规工作。随着科技的进步，一些更为复杂的工作可能也会由机器人来完成。

塑造未来世界的三种力量

送货服务和网购的发展阐明了三种强大的力量正在重塑我们的生活、学习和工作方式。

- **机器**。指包括机器人、增强现实和虚拟现实以及人工智能等在内的科技。为了在未来立足，今天的孩子们需要学习如何与机器一起工作，并且对于某些人来说，还需要学习如何制造和改进它们。在明天的世界里，工人们需要以非常人性化且很难实现自动化的方式，来贡献劳动力。
- **势能**。即变化的速度。所有的事情都在以难以追赶的速度变化着，这是未来学家、分析学家和普通人的共识。势能是加速、创新和全球竞争的源泉。今天的孩子们在一个随需应变的世界中成长，并持续以最大化的认知能力生活。

未来世界的变化会更快，他们需要能跟上节奏、持续前进的方法。

- **市场**。如今，世界的运作方式和我们的工作方式都是复杂且不断变化的。同时，我们的生产和消费方式也在发生变化。人们的寿命更长，有时会在工作中度过60年甚至更长时间。大量公司正在寻求外包，以图重新设计和摆脱某些工作。随着我们逐渐进入21世纪中期，我们将从知识经济过渡到学习经济。今天的孩子就是未来的劳动力。他们必须能够不断地学习和重塑他们的工作人格，并在这一过程中更新和升级。

这些力量使未来难以预测。今天的孩子们是在一个激动人心却又危险重重的时代中成长起来的。科技进步让我们具备了解决一些棘手问题的可能：比如，用无人机为灾民送去食物、治愈致命疾病、解决气候变化问题、用3D打印机制造可移植的器官……但这些进步也使我们面临一些我们还没有准备好应对的风险：比如，网络恐怖主义、超级病毒、激进和广泛的恐怖组织的崛起，以及非法购买和"打印"武器……

福特基金会的主席达伦·沃克（Darren Walker）将这个世界

描述为"处于边缘和失衡的状态，相对原来更不稳定、也更难以预测"。

随着科技的发展，机器人将取代工作岗位上的许多人，但也会创造出更多的工作岗位。市场将持续变化和转移，会有很多工作要做。问题是，孩子们准备好了吗？为了取得成功，年轻人需要成为创新者和颠覆者、建设者和重建者、照顾者和创造者。

机器

指包括机器人、增强现实和虚拟现实以及人工智能等在内的科技。为了在未来立足，今天的孩子们需要学习如何与机器一起工作，并且对于某些人来说，还需要学习如何制造和改进它们。在明天的世界里，工人们需要以非常人性化且很难实现自动化的方式，来贡献劳动力。

詹妮弗·席尔瓦（Jennifer Silva）是一位优秀的儿科心脏病专家，也是一位生命力旺盛的人。作为有着两个孩子的职场妈妈，詹妮弗拥有无限的精力和远见，她以某种方式在成功养育孩子的同时，从事着超高压力的工作。她为病人看病、讲课、做研究，并在圣路易斯儿童医院经营一个儿童心脏病诊疗部门。同时，她还与丈夫一起创办了一家科技创业公司（SentiAR）。他们一起使用增强现实技术，使医生能够在手术室里投射病人的心脏全息图。通过使用投影图像，心脏病专家可以使用无风险的工具来更好地理解、查看和修复任何心脏问题。

我认识詹妮弗，是因为我的孩子们是她的病人。孩子们一年见詹妮弗一次，我很幸运，我们住得离圣路易斯很近，所以她可以成为儿子们的医生。在我看来，她是那种有魔法的医生，让你感觉她就像家人一样。她很热情，很有爱心，能记住别人的绰号和趣事，从不吝啬拥抱和给出好建议。

这一切的优点促成了我对她的极大信任。当你在处理孩子的心脏问题时，对大夫的信任非常重要。作为一名医生、高科技创业者，她还是一个母亲，有两个和我儿子同龄的孩子，我采访了她，想要了解她的工作经历以及对未来工作的预测。她的预测让我充满信心。尽管机器人可能会取代很多我们的工作，但她相信，机器人也将刺激许多新工作的诞生。

在人机结合的最佳版本中，今天的孩子在未来将成为各自擅长领域中的专家，接受高科技、和触屏技术带来的改变。他们将成为拯救更多生命的医生、更好地教育学生的教师、组织更多人的倡导者、产生最佳结果的领导者。在那个版本的未来，今天的孩子们将不必再忍受日复一日平庸枯燥的工作，他们将更有可能在需要创造力、批判性思维、好奇心和同理心的岗位上发光发热。

詹妮弗在谈到这些可能性时表现得就像一位现代预言家，她向我解释了如何利用和构建一些科学技术，特别是增强现实技术，从而让医生在手术室中拥有超级英雄般的能力。她和她的丈夫以及他们的团队就在利用科技解决他们自己无法克服的困难。她知道，只要她可以看清楚病人的心脏，并模拟手术中需要切除或移动部分组织时将会发生的情况，她就会成为一名更好的医生。对此，我只能想象出当这些孩子们躺在手术室里时，等候室里的父母将会有多么焦急。在这样的时刻，如果事先没有任何试验的机会，那么任何失误都将是致命的，会让孩子们的生命悬于一线。

几年前，詹妮弗的丈夫参加了微软组织的一次会议，微软当时展示了一项增强现实技术，一个人只要戴上"全息镜"（大虫眼睛造型的眼镜），就可以投射出能触摸和操控的全息图像。他立即意识到，同样的技术可以用来为詹妮弗和其他儿科心脏病专家制造全息透镜。从那时起，他们就一直致力于研究这款产品的原型。

我很好奇詹妮弗对于这项新科技的看法，以及这对未来的医生和护士意味着什么。比如，他们的工作是否有可能在某一天由机器人完成？有些人说，是的。

而她不认为这是一个非此即彼的命题。在她看来，科技（从除颤器、心脏起搏器这样的单一任务机器，到全息镜的增强和虚拟现实技术，再到获取和分析大量数据的人工智能）在和人类配合时，效果才能达到最佳。人类的工作受益于科技的可预测性、可靠性和分析能力而变得更加高效，而机器也需要与人类的聪明才智、好奇心相结合，才能发挥最大效用。

在我们结束谈话之前，詹妮弗提醒了我最重要的事情：在紧急情况下，我总是会选择让她来守护我儿子的生命安全。因为我无法将孩子托付给一个机器人。但同时，我也将难以接受因为她决定不使用所有可用技术来救我的孩子而导致的失败。

从人工到机器

詹妮弗并不是唯一一个发现在工作场所可以使用科技新方法的人。纵观全球，创新者和企业家们都在尝试如何通过科技降低成本，同时提高效率和效益，这并不新鲜。蒸汽机的诞生所引发的大规模生产的工业革命就是一个例子，洗衣机和洗碗机等家用电器的发明，也是如此。我们一直在寻找新的方法，让科技使我们的生活更便捷，更节省我们的时间，并承担我们不愿意做的任务。

近年来，人们已经了解到，机器在做常规的、单一的事情时表现最好。这可能是一项简单的任务，比如洗碗；也可能是更为复杂的任务，比如分析信息、预测产生的模式。目前，机器仍然需要人类对其进行编程、修复和改进。

自动化是指技术取代传统的人类角色或任务。如今，自动化发展得越来越快。人们一致认为，正是由于这个原因，使得职场世界很可能在短短的几十年内，变成与今天我们所在的工作生态完全不同的样子。

我们要想客观地看待这个问题，可以参考麦肯锡公司在2017年12月发布的报告《消失的工作，新兴的工作：自动化时代的劳动力转型》（*Jobs Lost, Jobs Gained: Work force Transitions in a Time of Automation*）。这份报告描述了自动化的范围，以及它将如何颠覆我们的工作方式。如果麦肯锡的预测成真，那么到2030年，将有7500万到3.75亿的工人因为自动化而不得不换工作或失业。新冠肺炎疫情可能加速了这一进程，甚至可能会使这些数字升高。我们所有人都将感受到这种影响，需要提前做好准备。同时，我们也应该教会年轻人预测这些转变，并学会如何调整和适应。

机器人并非还没出现，它们早已到来，并且还有更多正在路上。现在，它们正在接管上架、拧盖子、接订单、提交索赔和翻转汉堡包等需要较少技能的重复性工作。自动驾驶汽车也离我们不远了，有一天我们可能会看到机器取代卡车司机、邮政工人和出租车司机的位置。最终，人工智能将足够智能和易于使用，成为我们的会计师、法律助理或研究分析员——然而，对于一些年轻人来说，这些领域有可能是他们唯一熟悉的工作领域。

有用的机器

我的生活一整天都离不开机器，从最简单的到最智能的。早上醒来时，我特别期待咖啡机能够给我一杯热腾腾的咖啡。我的早餐食材是从冰箱里拿出，再用炉子和烤面包机烹制的。我的家人依靠家里的汽车出行，手机和笔记本电脑让我可以远程办公。在我的家庭办公室，冬天会开加湿器和电暖器，夏天会开空调。

一整天，我都在交替使用各种科技设备。我的家位于美国中西部，我不用走出距离家500米的范围，就可以与任何我想联系的人取得联系，无论他们在世界的什么地方。在打工作电话的间隙，我有时会洗衣服或网购。而在真正的工作场所，简单的机器正在处理许多后台和流水线的任务。缴纳税款和存款也不再需要会计师和实体银行。工厂车间里，人类工人和机器工人在协同工作。目前，由人类工人来处理不可预测的或微妙的工作（例如处理和检查橙子或鸡蛋的品质），而机器人处理更可预测的工作。

我们所说的机器也不仅仅是指机器人，还包括数据分析技术、维持我们的工作状态的技术和电网供电的技术。比如，我的公司也会逐步雇用更少的办公室经理，并加大对在线项目和知识管理平台的投资。新冠肺炎疫情以来，所有的远程工作者都在不同程度上依赖着科技和机器来维持生计。

会学习的机器

去油管上搜"Sophia Robot"看看吧，它是由曾参与过迪士尼幻想工程的大卫·汉森（David Hanson）创造的智能社交机器人。花点时间看几个搜索到的视频，你就会像我和我的孩子们一样，被她惊讶到。索菲亚（Sophia）是一个以奥黛丽·赫本和创造者大卫·汉森的妻子为原型的、美丽的、栩栩如生的机器人。在美国，她已经成了一个真正的公众人物，似乎每天都在变得更聪明、更有人情味。索菲亚已经登上了《早安美国》（*Good Morning America*）以及*ELLE*和《大都会》（*Cosmopolitan*）等时尚杂志的封面；她还曾在联合国发表讲话，在《今夜秀》（*The Tonight Show*）上与吉米·法伦（Jimmy Fallon）开过玩笑，并被沙特阿拉伯授予公民身份，她也是第一个获得公民身份的机器人。

索菲亚不只是看起来越来越聪明、越来越像人，实际上她也正在学习如何在每一次互动中变得更像人类。她被编程设定成不断学习和自我提升的模式。她有人造的神经网络，这使她能够收集和处理数据，并寻找可以像周围的人一样行动和说话的模式。索菲亚是由人工智能（AI）驱动的。人工智能是一个总括性的术语，指的是能够执行我们称之为人类的特征、功能或技能的科技。虽然人工智能曾经只在科幻小说中出现，但它正日益成为企业雇主们发展商业的一部分。当今天的孩子进入劳动力市场时，他们将成为人工智能的持续创造者与合作者。

人工智能并不总是长得像一个漂亮的电影明星。更多时候，这种智能存在于"网络云"或大数据集成中。

像我们一样的机器

我的家人喜欢皮克斯公司出品的电影《超人总动员》系列。很难相信《超人总动员》第一部和第二部的上映时间相隔了14年，但当你对比两部电影之间的动画效果时，差距就很明显了。第二部电影中的动画是如此栩栩如生。除了主角在展示超能量、伸展、隐身、速度和火焰等特效外，人物的面部表情和动作也看起来跟真人一模一样了。

这些电影让我想起了我和丈夫与他的大学室友达伦（Darren）的一次谈话。达伦在完成本科学位后，进入普林斯顿大学研究生物学和机器人学，并攻读博士课程。现在，他在埃克森美孚（Exxon Mobil）工作，正试图找到优化我们的生产和消费能源的方法。

有一天，达伦试图让我和丈夫理解机器人技术的可能性。他告诉我们，工程师们是如何观察自然世界的，电影动画师们（例如我们熟知的迪士尼和梦工厂的动画师）又是怎样将自然世界再现出来的。这些顶级的创意家和创新者们，利用詹·席尔瓦（Jenn Silva）所说的"智力优势"，通过严肃的科学在动画、人工智能、增强现实和虚拟现实等领域实现真正的突破，不断地延伸现实。

展现魔法

迪士尼研究院网站揭示了这些工程和机器人技术所能创造出的可能性，是它们让我们挚爱的电影看起来如此有趣。

迪士尼研究院开展了一系列关于超级技术课题的研究，并发表和出版了各种文章及出版物，例如，如何创造像人类一样的牙齿及下颌运动、面部表情，甚至如何操控人造肌肉。如果你去过迪士尼或环球影城，你可能会体验到那里的机器人有多么逼真。它们的动作越来越像人类了，面部表情也跟我们相差无几。在外表和服装的背后，迪士尼的机器人依靠与人类神经越来越相似的数字化神经连接来运作。

日本的机器人护工

在日本，一项相当大规模的实验正在进行，它将测试这些与人类相似度极高的机器人是否真的能够帮助我们的家庭。日本人寿命长、出生率低，这造成了大量年龄较大的成年人过着独居生活，"社交伴侣机器人"应运而生。目前，已经有数以万计的此类机器人投入了使用。社交伴侣机器人和真人一样大小，可以触摸，并通过编程提醒主人一些日常的事项，包括吃药、吃饭、关掉炉子或洗澡。

有了人工智能和互联网的接入，这些机器人还可以与我们互动，回答有关天气的问题，播放音乐，说早安，回答一些智力问题，而这些正是达伦所谈论的内容。这种情况下，这些社交伴侣机器人似乎很像电影《超能陆战队》中的主角——"看护机器人"大白。

这些类型的机器人将使年轻人成为新科技和人机关系伦理领域的先行者。[1]索菲亚和日本的看护机器人，让我们更容易想象出人形机器人在明天的世界是什么样子，也许它们会在酒店门口提供礼宾服务，也许它们会在家庭中提供看护、陪伴、保洁、协助购物的服务，它们甚至还会提供全方位的餐饮服务。随着人工智能持续进化，变得越来越智能，这些机器将在我们大多数人认为会永远由人类担任的职业中变得越来越普遍，包括医学、法律和研究等领域的工作。

今天的孩子和机器：触摸技术的关系

在未来，工人们将需要习惯每天与机器一起工作、操控机器，甚至是为机器工作。他们将需要去提升自己的能力以获得比常规任务要求更高的工作，因为那些常规任务可能会被自动化。他们还需要知道如何穿梭于人际和网际世界之间，除了掌握简单的操作技术外，还要能够与人工智能一起工作。

科技将进一步把未来的劳动力划分为高技术者和低技术者。在美国，极有可能的是，这种划分将以种族和阶层为界限。高技术者将会是一小群人，他们受教育程度较高，且受过专业的、精细化的职业培训。在数字化世界中，高技术者是企业最需要的、技术最娴熟的、适应力最强的、生产效率最高的，所以他们也将享有新的机遇和不断攀升的薪水待遇。而那些低技术者（有可能也是绝大多数人）只能从事那些可能会被科技发展中断、转移或被自动化替代的工作。[2]

为了提升未来的就业能力和经济水平，今天的孩子们现在就需要培养他们的数字化技能和人性化技能。而这也必将加剧所有年轻人数字化连接的迫切需求。

势能

即变化的速度。所有的事情都在以难以追赶的速度变化着，这是未来学家、分析家和普通人的共识。势能是加速、创新和全球竞争的源泉。今天的孩子们在一个随需应变的世界中成长，并持续以最大化的认知能力生活。未来世界的变化会更快，他们需要能跟上节奏、持续前进的方法。

想象一下如果你是在农场长大的，你们家所有的食物需求都是自给自足，周围也没有百货商店和饭馆——以我现在的网购习惯，这听起来会有些难以想象。你吃什么，有多少可以吃，都取决于天气情况和你的努力程度。

当你十几岁的时候，附近开了一家杂货店，你的家人慢慢放弃了农场生活，开始拥抱杂货店带来的便利和选择的多样性。在你20岁的时候，各种商店和饭馆遍布城镇的主要街道，你的家人开始按照个人喜好来选择购物和用餐的场所。

在你二十三四岁的时候，你妈妈打电话告诉你，她在购物软件Blue Apron上购买了外卖配餐服务。她解释说，她以后再也不用每周都跑去商店购物了，这项服务会按时把预加工的食材和调料直接送到家。此时，你家的农场已经被划分成一个个约1000平方米的地块，并被卖给了一家开发公司。每天都有新房拔地而起。

在你25岁生日那天，你的妈妈用从Blue Apron上购买的食材烹饪了烤鸡、羊奶酪土豆泥和无花果黄油胡萝卜，还和你开玩笑地说起以前的生活——那时你们的一日三餐必须要靠自己种植的食物来解决。

这是保罗·加夫尼（Paul Gaffney）告诉我的，以此来帮助我理解为什么我们感觉事情的变化越来越快、越来越大。保罗是科尔士百货公司的首席技术官，他之前在迪克运动百货和家庭仓库担任领导职位。他曾是学校董事会成员，父母和妻子都是教育工作者。按照保罗所说，这并不是想象，一切确实在以前所未有的速度发展变化着。

保罗将这段时期描述为一个普遍的概念压缩的时期。在这个从农场生活到Blue Apron软件在线购物的故事背后，潜在的基本概念在短短几年的时间里发生着改变。在过去，信息和思想被个人拥有和囤积，正是因为这种个人所有权导致了传播速度的缓慢。然后在20世纪90年代，开源技术出现了——比如维基百科。突然之间，只要有网络连接，信息对任何人来说都是可免费获取的、可用的、可更改的。在一瞬间，我们就可以获得和共享信息，并直接为彼此的想法做出贡献。

这种大规模的信息共享和存储发生于1991年，起因是芬兰裔美国软件工程师莱纳斯·托瓦尔兹（Linus Torvalds）创建了Linux内核，保罗称之为"改变地球的事件"。Linux创造了一种在不需要第三方、隐私防护或付费的情况下共同开发软件的方式。今天，开源已经成为一种文化规范。我们正生活在一个开源社会：大家能够积极地共同创造我们的未来，能够众包信息，并免费找到我们需要的任何信息。

在开源社会中，从前被个人独占的信息突然成了免费且方便获取的。我们可以在社交媒体上找到水管工、儿科医生或养育孩子的建议。大多数电子游戏也都是开源的，比如《我的世界》，游戏中让一群陌生人一起协作来建造一些东西，组建一个社区，或者编织一个故事情节。

我们只用了本该耗费的一小部分时间，就从一种隐喻的农场生活快速进入了靠简单的组装就可以获得一张餐桌的生活，这在很大程度上是因为每个人都站在别人的思想或努力的基础之上。这种变化的循环导致了我们不断与外界保持联系以及不断跟进的冲动。这样做的好处是，我们可以参与创造更好、更快的解决方案；但这样做的风险是，一旦慢下来，就会让你处于落后的危险中，因为所有事情都在飞速地发展中。

开源社会

我们生活在开源社会，意味着任何人——不管是怀俄明州有抱负的创业者，还是匹兹堡和宾夕法尼亚的企业高管——都能对解决同样的问题而做出贡献。我采访的一些研究员和教授们认为，明天的世界将不再需要专利保护、纵向研究或漫长的药物实验。所有这些都被认为即将过时，因为他们需要花费的时间太长了。比如，某些药物和产品在获批上市之前，就已经需要进行改进了；或者它们在等待批准期间，已经有更新、更好的东西被发明出来了。

这是一种让人感觉既无处藏身、又不得不参与其中的生活方式。这个世界，每天都在变得更快、更匆忙，坦白说，甚至让人有些措手不及。

下面这个简短的列表是关于美国开源社会的特征，以及势能是如何使人们的行为、文化观和价值观发生转变的一些案例。

美国开源社会的特征

例子	描述
"#"标签运动	在美国，"#"标签加上免费的、分散式社交媒体的参与，会使得社会变革和运动以前所未有的速度和病毒式传播方式增长和转变。这是一种高参与性、去中心化的现象，是我们的超级连接性使其成为可能
《堡垒之夜》的疯狂舞蹈	如果你见过孩子们跳"牙线舞"或"L舞"（对我来说，"L舞"看起来像是"失败者"的标志和"尿尿舞"的结合），那么你一定也见过《堡垒之夜》的病毒式舞蹈动作。这是一种文化现象，起源于在线多人视频游戏《堡垒之夜》，该游戏的月销售额超过1.2亿美元[3]。这种病毒式传播已经使《堡垒之夜》的疯狂舞蹈远远超出了视频游戏的领域，令全世界各地的孩子都在操场和教室里进行斗舞比赛
病毒式传播视频	一只熊猫宝宝打喷嚏；一个生下来就耳聋的婴儿第一次听见妈妈说话；一条狗在主人军事行动后迎接主人回家……这些视频俘获了我们的心，也俘获了数百万人的心。这些视频大多由个人设备拍摄，被分享、标记，并被再次分享。分享的速度在后端算法的推动下呈指数级增长，这些算法似乎感觉到了病毒式传播的潜力，会突然将这些视频片段作为热门新闻推送给你

（续）

例子	描述
FOMO	听说过FOMO（Fear Of Missing Out）吗？这个"害怕错过"的首字母缩写词定义了我们的开源社会，并经常被用来描述人们为了努力保持第一时间获取资讯和消息而不断检查手机和推送的需求。FOMO会引起焦虑、压力和强迫性思维。人们有时还会在与电子设备分离时感到恐慌

势能可以引发一切，从病毒式传播视频和有趣的舞蹈动作所引起的欢笑，到压力水平飙升、新的安全威胁和气候问题所引起的灾难。势能一直在加速一切。

保罗对概念压缩的讨论，表明了势能是如何改变商业、工业、经济和环境的。这本书的写作过程就是一个能说明情况的很好的例子。新冠肺炎疫情来袭时，我正在完成这本书的第一稿。突然间，世界发生了变化，我就需要对内容进行修订。在第一稿和最后一稿之间，美国发生了新一波的种族暴力和起义，但这一次白人的参与度和企业对改变的承诺都是前所未有的。我就不得不再次对这本书的内容进行修订。我计划在学校重新开学之前、在下一次美国大选之前、在新冠肺炎疫情结束之前，提交我的手稿。但等到它进入书店时，可能已经没有实体书店了，估计也不会有可以亲临现场的新书发布会，但我却已经有了更多的变化和经验可以与读者交流（值得庆幸的是，这可以通过使用社交媒体和网站来实现）。今天，一切都需要不断审查、修订、更新或升级。颠覆、加速和创新似乎是我们新经济的基石。

游戏规则

今天的孩子需要用新的方式思考和行动，才能在这个快速发展的世界里工作并引领潮流。

听说过Disruptus（打破者）这个游戏吗？有人先抽出一张卡片，上面的图案是一件非常普通的物品。然后，你来掷骰子，依据你掷出的点数，玩家有一分钟时间来改进和改变卡片里的物品，或者想出一种全新的方法来完成这件物品所要完成的任务。

假如抽到的卡片是一张熨衣板的图片。根据掷骰子的点数，你可以把熨衣板改为立式办公桌；或者创造一种更现代化、更好用的熨衣板；或者完全打破"熨"这个概念，思考出一种全新的、不同的方式来消除衣服上的褶皱。未来的经济有些类似于现实版的Disruptus（打破者）游戏。

开源社会的易变性

只要有信用授权和密码修改权，就能泄露别人的隐私。加州大火产生的烟雾会飘至加拿大，恐怖主义团伙会用网络宣传、人员招募来说服年轻人为了危险的事业而离家出走。流行病、超级病毒和其他疾病也都会迅速扩散。

明天的世界将是一个具有极强的易变性和扩散性的世界。今天的孩子们，不仅要为一个有用的解决方案能够大规模迅速推广而做好准备，更要为一件有害的事情可能发生的快速扩散做好准备。

世界不仅变快了，而且看起来更可怕了。这在一定程度上是因为我们对正在发生的事情有了更多的了解，这要归功于我们7×24（一天24小时，一周7天不间断）的新闻周期和互联网。实际上，我们面对的是一些非常可怕的现实和可能性。

气候波动和极端天气带来了众多日益严重的威胁。在美国中西部，严重的风暴感觉更像是龙卷风，垂直的风柱能够吹倒树木和电力线。环境变化正在重塑我们的地理环境，并迫使经济转型和全球移民的发生。[4]美国似乎每年都会新增几种自然灾害，每一种都是历史性的第一次——比如热浪、野火、寒流、飓风、疾病等。

今天的孩子们正在继承一个比以往任何时候都更加"喜怒无常"的世界。根据美国2018年11月发布的第四次国家气候评估，气候变化威胁着美国的经济健康、基础设施和财产、基本服务、清洁水和能源，以及我们的个人健康。这些变化可能并已经造成经济衰退、粮食短缺、流行病和自然灾害，而且这些变化正在加速。正因如此，未来可能会出现与气候相关的迁移带来的重大人口转移。整个社区可能都会无家可归。今天的孩子们将需要复原力和资源来应对任何破坏性的灾难和危机，并从中恢复。[5]

各个层面的不稳定性让我们缺乏安全感。在这样的环境中生存需要有充足的资源和支持，并且在面对势能中更危险的部分时，有能力坚持下去。

年轻人将需要搭建职业生涯来拦截和解决这些问题。未来需要社区建设者、组织者、活动家和社会倡导者来培育新的"高价值"领域，以应对紧迫的环境、经济和社会方面的挑战。

超载和不堪重负

越来越多的信息、越来越大的压力、越来越多的时间和注意力要求，已经让许多人长期感到超负荷和不知所措。忙碌被认为是一种荣誉。一张被填得满满的日程安排，比假期和休闲更能成为身份、地位的象征。[6]世界卫生组织（WHO）已将职业倦怠列为一种可诊断的综合征和职业现象。对许多人来说，在新冠肺炎疫情带来的压力和不确定性下，有太多事情要做、太多事情要处理的感觉只会日益加剧。

开源社会的特征，匹配上这种合理的时间短缺，你就会得到一个我称之为"不堪重负"的现象。

明天的世界不仅会变得更快，而且有可能变得势不可挡，让人精疲力竭。这种压力从繁忙的日程表，延伸至我们都在与之斗争的情感和精神紧张，以及对未知的恐惧。对时间和注意力的持续要求也使我们很难弄清楚该专注于什么以及如何专注。要做到专注，年轻人需要能够随心所欲地连接和断开连接，还需要在极度分心的情况下练习集中注意力。

为了找到恰当的视角，我联系了畅销书《深度工作》（*Deep Work*）和《数字极简主义》（*Digital Minimalism*）的作者卡尔·纽波特（Cal Newport）。他跟我是从小一起长大的。与他讨论这个问题对我很有帮助，尤其是我们的孩子年龄相仿，而且我们有在同一个家乡成长的共同经历。

根据卡尔的说法，为了让孩子们为明天的世界做好准备，我们能做的最好的事情就是：即使他们要面对无数种不同的干扰，也要教他们如何集中注意力。年轻人将需要尽早学习如何做到这一点，这将是一项需要大量练习和长期使用的技能。

稳扎稳打才能赢得比赛

在一个快速且开源的社会里，乌龟会赢得比赛。如果我们对超负荷和不堪重负不予理会，就会导致生产力的丧失、焦虑、压力和倦怠。再加上病毒式的传播效应和万事万物的易变性，今天的孩子们有可能在生活中感到长期的疯狂和疲惫。找到放慢速度、集中精力和"拔掉插头"的方法，将是至关重要的。

今天的孩子们是在这种势能中成长起来的，因此他们很可能到成年时就已经对这种状态受够了。卡尔认为，他们可能是找到方法能有效管理狂躁和减少压迫感的人。他在研究中发现，在社会发生这种巨大转变和科技变革的初期阶段，人们在保持有序、管理好工作流程方面遇到困难是很常见的。

市场

如今，世界的运作方式和我们的工作方式都是复杂且不断变化的。同时，我们的生产和消费方式也在发生变化。人们的寿命更长，有时会在工作中度过60年甚至更长时间。大量公司正在寻求外包，以图重新设计和摆脱某些工作。随着我们逐渐进入21世纪中期，我们将从知识经济过渡到学习经济。今天的孩子就是未来的劳动力。他们必须能够不断地学习和重塑他们的工作人格，并在这一过程中更新和升级。

在我决定卖掉我的小货车的那天，我遇到了罗杰（Roger）。他在我们当地的汽车经销店工作，他是在离这条路几公里远的地方长大的。他家有一个约1500亩的奶牛场，多年来，他的家人耕种着土地，并为邻居们提供玻璃罐里的冰淇淋和牛奶。罗杰每天黎明前起床挤牛奶，黄昏时再挤一次。他从没想过还会有什么不同的生活方式。

几年前，机器人被带到了农场，接管了挤奶的工作。罗杰第一次可以睡懒觉或在外面待到很晚，他的家人可以去度假，不用再每周7天、每天2次地挤牛奶。机器人接管挤牛奶工作后不久，罗杰意识到在农场里没有什么可以让他做的了，他需要一份新工作和不同的赚钱方式。他和妻子决定搬到城里去，他们在附近的一个住宅区买了一栋小房子，然后罗杰开始了他的第一次求职。

我问罗杰是否觉得在汽车经销店工作与务农相比有很大的不同，他若有所思地望向公路上他家农场的方向，然后指着他的大皮卡耸耸肩说："至少我还有它。"

市场的力量

罗杰是数百万因科技而失业的工人之一，但他是个幸运儿，在另一个领域找到了一份工作。世界经济论坛（WEF）预测，在失去工作的成年人中，只有1/4能够"提升技能"，并在就业市场上参与竞争。听着罗杰的讲述，他的故事让我感受到了一个人在意识到自己的工作不再被需要时的那种痛苦——对他来说，这是一种收入和身份的损失。失业或无法充分就业，会对人产生实际的、心理的、经济的，甚至精神的影响。[7]

作为一位奶农，罗杰获得了个人和社区的身份，这也是他自我价值和自豪感的来源。他是谁，他如何理解这个世界，都与他的奶农身份联系在一起。对他来说，这是有尊严的工作。很多专业人士都是如此，如教师、护士、医生或你认识的小企业主等。

在《工作：剧变时代的工作及其未来》（*Work and Its Future in a Time of Radical Change*）一书中，埃伦·鲁珀尔·谢尔（Ellen Ruppel Shell）将自动化和全球化并称为"致使工作不稳定的双重打击"。公司之间的竞争是非常残酷的，他们需要尽可能多地将业务设在海外、外包出去、自动化迭代。在网上购物和当日送达的世界中，人们需要快速、廉价和优质的服务与产品。

尽管人们对未来的预想各不相同，但经济学家和未来学家一致认为，在未来10年内，大约有一半的工作岗位将要消失或转变。我预测这个比例会更大。我敢打赌，这些经济学家和未来学家在做出这样的判断时，很少有人考虑到了会导致前所未有的失业和经济衰退的全球流行病因素。

工作方式的改变

将来在我们的孩子所参与竞争的工作中，可能有一些是我们认可的，也可能有很多是我们不认可的。在过去10年中，有94%的新工作都来自非传统市场[8]，而其中大部分是临时工作。这在零工经济中占了很大一部分，包括为Lyft和Uber（打车软件）开车、为GrubHub（外卖软件）送餐或为Instacart和Shipt（跑腿软件）购物，也包括自由职业与合同工作。更多的人选择独立工作，拼凑几份不同的工作来维持生计。

我们大多数人都认识一些人，他们把全职工作与零工、合同工作结合起来，以支付账单。其中包括周末为我送Instacart快递的药剂师，以及我遇到的许多Lyft和Uber司机，他们在晚上和周末工作，以获得额外报酬。虽然做自己的老板和灵活安排工作时间确实有好处，但他们中的很多人都缺乏至关重要的就业福利和保障。很多人每周工作的时间远远超过40个小时，却只能勉强维持生计。

临时工作和零工

从事一份以上的工作是人们经常做的事情。但新奇之处在于，现在究竟有多少人在这样做。[9]在美国，大约1/3的在职成年人同时从事零工或临时工作[10]。2020年，新冠肺炎疫情导致这个数字大幅波动。快递和网上购物等一些零工职位的需求有所增加。这些工作对人们来说是快速而简单的赚钱方式。然而，这些职位往往都缺乏基本的工人保障，工资也不高。

对于自由职业者与合同工来说，新冠肺炎疫情带来的危害尤其严重。自由职业者失去了项目和工时，合同工则完全失去了工作合同和客户。对于那些失业的人来说，由于他们的独立身份，很多人无法申请失业救济，同时也无法获得或负担不起医疗保险。

即便如此，临时工作也可以帮助那些在工作或经济不稳定中挣扎的成年人。他们不想失去现有的工作，即使工资或工作时长没有满足自己的需要。通过打零工，他们就可以弥补收入。

大多数临时工作需要成年人具备和掌握一定的知识和技能：比如，我们大多数人都知道如何去杂货店购物、如何开车、如何接听电话……在这个基础上，多亏了谷歌地图和Siri，我们除了要了解和学会使用一款新的手机应用程序之外，几乎没有什么需要学习的了。你不需要回到学校，也不需要花钱去获取新的证书。

不同类型的工作

年轻人在成年后可能会经历5种不同类型的工作[11]，这些工作可以在工作场所现场完成，也可以远程完成，或者两者兼而有之：

- **全日制学习。**这包括在学院和大学的传统学位课程，以及学徒制学习和非传统证书提供者开设的新证书课程，如训练营。
- **临时工作。**这是按需工作，包括自由职业者和零工。这些工作者都是个体劳动者，只有在从事服务工作或产品交付时才能获得报酬。有一些是为了额外收入或娱乐的兼职工作；另一些则是在选定的职业或事业中的兼职工作。这些工作很少提供医疗保健等关键福利。
- **兼职工作。**这些主要是指零售业、酒店业和服务业的工作。也包括照料类的低薪工作，比如家庭保健助理、儿童保育员和教学助理等。

- **全职工作。** 全职工作曾经是稳定的代名词，全职工作者可能是受薪者或个体劳动者。受薪者有固定的工作时间表、福利和雇主保护。他们可以加入工会，也可以不加入。全职工作者也可以是自由职业的个体劳动者、顾问或技术行业的熟练工人。个体劳动者自己设定工作时间，并对包括医疗保健在内的自身福利保障负责。

- **公务员、服务队和军队。** 这些工作者受雇于国家军事部门或政府公共机构。时至今日，这些职业中的大多数依旧都具备很强的工作稳定性，有结构化的职业发展阶梯，以及可靠的退休金。

今天的孩子们，在职业生涯中将经历多种类型的工作——通过组合与轮换的方式，他们还将在整个职业生涯中不断学习。那些活得更久的人将比我们工作更长时间，有更多的工作经历，并可能在许多行业和部门经历过多种类型的职业。随着人们对百岁人生的预期日益增长，今天的许多孩子可能工作70年或更长时间。可到目前为止，我们的退休制度和公共安全网络（这包括社会保险、养老金和退休计划等）并不是按照这个时间周期来设计的，这也使职工未来的财务稳定和退休生活越来越不确定。

未来的工作

今天的孩子是明天的工作者。作为劳动力，他们将在一个不断变化和重新创造的市场中工作，同时他们也需要具备相应的能力。全球化和自动化等重大变革将改变社会，改变我们合作、竞争、使用技术和保住工作的规则。尽管如今适应力强的年轻人想要一份可靠的工作和薪水，但却无法得到保障。

处于上升期的工作

总的来说，与先进科技相关的工作（有时被称为"新经济"工作）的数量将持续增长。听说过硅谷吗？那些旧金山附近的科技大亨们可能会持续变得富有和强大，他们将不断发展他们的公司和创新，并保持他们的地位。

机器将变得更加复杂。我们的孩子会发现，很多工作都需要操控机器、与机器一起工作，或者创造更好的选择。20世纪的工作者被教导要像机器一样行事。21世纪初的机器被教导要像人一样行事。明天的工作者将需要能够与机器一起工作，但像人类一样行事。对人类独有技能的需求将会持续存在。

在明天的世界里，我们可能会看到"创意阶层"的崛起。企业雇主希望员工能够跳出思维定式，表达好奇心，不断学习，并显示出解决问题的才智。正如有人告诉我的那样，"现在是历史上最不适合做普通人的时候"。人工智能依靠程序模式和可预测性工作，而非程序性工作将是人类最为持久的工作。创意型人才将从事全职的受薪职位和临时性工作，但他们大部分都是自由职业者。对于很多创意型人才来说，其工作将是创业性质的，并通过在线技术平台促成，如Etsy或Square。人们可能会不断建立虚拟商店，并能够在没有办公楼或员工的情况下经营业务。

　　未来的大部分人类工作将集中在教育、护理、社区发展和服务中。越来越多的人将这些工作归为一类，称为护理经济。我的整个职业生涯都是在护理行业度过的，我可以证明这些工作是多么的非常规化。机器人可能会打败我们的Jeopardy（美国著名的答题秀）冠军，但它们在教育和管理教室里的儿童、照顾一群幼儿或满足痴呆症老人的看护需求方面，还有很长的路要走。在护理经济中，我们将看到老年医学和老年护理的发展，以支持我们庞大的老龄人口的需求。

可能经久不衰的工作

- 教师
- 护士
- 首席执行官
- 政治家

濒危的工作

目前，常规性工作是风险最大的工作，不幸的是，这往往也是那些已经在挣扎度日的人的工作。20世纪的很多工作（那些让人类像机器一样行事的工作）随着我们在21世纪走得更远，将会失去生存空间。

知识工坊（Knowledge Works）的未来预言家凯瑟琳·普林斯（Katherine Prince）是这样向我解释的：我们的就业市场越来越分散，很多人没有一份传统的工作，而是把工作时间花在完成一些任务、项目或作为承包商的短期工作上。随着我们的就业结构变得越来越零散，我们的工作也变得越来越容易受到自动化的影响。

拿行政助理来说。在整个20世纪，秘书工作为许多妇女和家庭提供了进入中产阶级的途径。如今，这些职位基本上已经消失。大多数秘书工作都可以通过一些在线电子邮件、日程小程序、项目管理工具的组合来完成。

工厂的工人也是如此。在"铁锈地带"（Rust Belt，美国中西部重工业衰落的地区）的任何一个中型城市，你都会发现一些家庭在靠公共支持勉强度日，他们的价值和财富曾经自豪地与工厂联系在一起，而这些工厂要么已经倒闭，要么就是在很少一部分劳动力的维持下运行。程序化工作的自动化是对美国工人阶级和中产阶级的最大威胁之一。

可能消失的工作
• 食物搭配师 • 清洁工 • 司机 • 工厂工人

不可预见的劳动力变化

对于未来的劳动力，有一些事情是我们无法预测的，这主要是因为市场与很多其他因素息息相关，包括环境、全球关系、相互依赖性等。例如，在新冠肺炎疫情之前，酒店、零售和服务工作被认为是可以持久的工作。然而，一场全球大流行的疫情阻止了我们外出购物、吃饭或旅行。在这之前，很少有人会预料到这些原本可以持久的工作会突然变得如此深陷困境。

你不能成为你看不到的人

随着职场的发展和今天的孩子们的成长，接触和体验不同类型的工作对他们来说至关重要。从传统的角度来看，我们指望通过自己的家庭和社区来决定该找什么样的工作。我邻居的儿子玩卡车和拖拉机，是因为他爸爸经营着一家卡车公司。我想成为一名老师，因为我所居住的环境周围都是老师。

当然，家庭和社区仍然具有价值——正如我的导师格雷格·达尼德（Greg Darnieder）所说："你不可能成为你看不到的人。"通过强大的职业路径规划和基于工作的学习机会，去接触新兴领域并积累经验，比以往任何时候都更为重要。这就需要就业者越来越多地积累包括在办公室完成以及远程虚拟完成等各种类型的工作经验。

帮助今天的孩子成为未来的职场人

在20世纪末、21世纪初，我们生活和工作在知识经济时代。彼时，需要批判性思维和学术证书的白领工作，比需要更多体力劳动和技术技能的蓝领工作更受重视。

如今，我们正再次经历着改变。现在，重要的不是你衣领的颜色，而是你正在做的是否是经得起时间考验的工作，而不是容易被自动化、被外包或被淘汰的工作。有人说，就连律师和医生的工作都是死记硬背和模式化的，总有一天会被机器取代。想象一下这样一个工作世界：教学和护理这类不被重视但至关重要的工作，突然变得比起诉或开药更有价值了。

我们正在过渡到一个学习型经济时代，在这种经济环境中，市场的相关性和弹性取决于员工不断更新和升级他们的所知所能。未来的职场人必须能够适应各种新的情况。线性或单一的职业路径既不能让他们依赖并支持他们从受雇一直到退休，也不能保证他们在这个过程中能够积累财富和树立地位。相反，他们需要做好准备，从一种工作路径转向完全不同的路径。除了头脑敏锐之外，这还需要一定程度的情感坚韧、导航和应变技能，以及足够的社交支持。

此外，未来的职场人需要有良好的认知能力，具备扎实的执行能力，以及在分心、不知所措和超负荷的情况下仍能集中注意力的能力。无论他们从事什么工作，未来的员工都需要能够在开源社会中集中精力进行生产。这不是一项容易的任务。

在此过程中，未来的职场人将需要经历一系列的职业过渡和转型，在他们一生的学习和工作中承担多种职业身份。在每一次的转变中，如果他们能挖掘出最具活力和最真实的自己，提升他们最明显的人性特征，他们就会做到最好。

未来世界所需的人生货币

几代人以来，得到广泛认可和热情支持的能够让我们经济成功的人生公式是：上学，取得好成绩，毕业；获得一个大学学位，找到一份能够支付账单的工作；努力工作，获得晋升；有一天可以舒舒服服地退休。现在，这个公式只适用于很少一部分人；将来，适用的人更少。我们已经看到了今天的孩子们是如何变化的，也看到了世界是如何变化的。

在美国，知名的专家、学者和政治家都发出了警告：关于成功，没有能够一直起作用的社会契约。在一个一切都在变化的世界里，"文凭—大学毕业—就业—退休"的成功路径已经不再适用。

工作正在被彻底地重新定义，以至于有一天我们可能都认不出它了。成为"公司职员"或指望退休后有养老金的日子，一去不复返了。

立足未来的新公式是什么？是时候更新我们普遍持有的信念了：关于为生活做好准备，意味着什么？

为明天的市场做准备，而不是为昨天的流水线做准备

首先，让我们承认旧公式从一开始就是有缺陷的。在美国，

它是为那些富有的白人设计的。现在，它对谁都没用了。高中毕业并不能保证上大学。常春藤盟校的学位并不能保证你将来不会失业。高分并不能保证你拥有未来工作所需的技能。

在成年期立足未来的旧公式是一个完成清单：

- ✓ 高中毕业并获得文凭。
- ✓ 从大学毕业并获得学位。
- ✓ 找份工作。
- ✓ 获得晋升或找到一份更好的工作。
- ✓ 赚钱和管理责任。
- ✓ 退休，靠你的储蓄和投资生活。

在成年期立足未来的新公式是机会市场的人生货币：

- $ 持续发展你所需要的能力。
- $ 追求那些能向企业雇主证明你知识和能力的证书。
- $ 形成并培养人际关系，四处走动。
- $ 拥有足够的现金来维持生活，取得成功，顺利渡过难关。

这个新的机会市场是这样运作的：把成人生活想象成一系列与各种机会供应商的交易。每个供应商都需要特定的人生货币来对每个机会进行交易，比如，要购买一种体验需要适当数量的现金、能力、可信度和关系。这些货币有不同的价值，可以以不同的组合叠加和交付。与任何市场一样，有些购买者拥有的人生货币比其他人多，而有些人拥有的人生货币太少，以至于供应商甚至不会考虑和他们交易。

正因为如此，今天的孩子们需要的绝不仅仅是知识与合格的成绩。他们还需要积累足够的人生货币，以支付进入成年以及成年后所需要的经济机会。

人生货币	描述
能力	一个人拥有的知识、技术和能力
关系	一个人认识的人以及与他有社交关系的人
证书	一个人拥有的文凭、学位和证书
现金	一个人拥有的财务资源

教育工作者倾向于关注能力和证书。课堂是学生获取知识内容和达成学术标准的地方。尽管越来越多的教育工作者在提供学习内容的同时，也在提供培养社会情感技能的学习体验，但这样做通常被视为一种附加功能，或者是优秀教师用来提高学生参与度的"秘密武器"。

拥有证书和能力只是年轻人未来获取机会所需要的一部分，但如果一直只持续关注这些而忽视关系和现金（有时也被称为社交资本和财务资本），将会使不平等持续下去。

机会购买力

在机会市场中，最重要的是拥有足够的资本来获得你所需要的东西。购买力流向了那些拥有资本最多的人。供应商并不总是公平的，他们会抬高价格，与他们认识的人或他们认为有权势的人达成交易。

不管公平与否，如果没有彻底的改变，这就是未来世界的运行方式。在这些人生货币中，有时年轻人只需要一两种，但更为常见的情况是它们缺一不可。

在本书的下一部分，我们将揭开这些人生货币的面纱，并提供策略来帮助年轻人学习和获得它们。由于人生货币最终会被花掉，所以年轻人需要知道如何获得、从哪里获得更多的人生货币，否则人生货币就会枯竭或耗尽。

人生货币可以通过学习、赚取或继承获得。如果我们能更多地了解人生货币是什么，以及它们为什么重要，那么我们就可以铸造更多，以确保所有年轻人在步入成年后都能获得他们真正需要的成功。

Making It

| What Today's Kids Need for Tomorrow's World

第二部分

人生货币

CHAPTER THREE

第三章 能力素养

能力：一系列特别的技巧、知识或技能[1]。

当我在青年投资论坛（Forum for Youth Investment）工作时，我和同事拿到了一笔专款，用来研究让青年为未来做好准备的科学（和艺术）。我们把这次尝试叫作"设计就绪"项目。我们花了两年时间深入研究，阅读任何能让我们了解年轻人成年后需要什么东西的资料。除此之外，我们还考虑了儿科医生的需求、教师的测试条件和雇主的要求。我们比较了各种权威的习惯与技能清单，每一条（不管是哪个系统或部门发布的）都被认为是未来成功的必要条件；然后我们试着找出它们的共同点。最终，我们找到了一套共通的能力清单，并且用青少年学习发展学对这套清单进行了筛选。

十项预备能力

最后，我们精炼出了十项全球通用的预备能力。它们是一套在生活、学习和工作中最常用的知识、技能和能力。这些能力是一个整体，需要成套使用，彼此关联。使用者需要把这些能力看作是在这个世界上生存和做事的方式。

今天的孩子面对未来世界所需的十大能力
1. 保持专注与完成任务的能力
2. 以有助于驾驭、体验并为快速变化的世界做贡献的方式，进行思考、创造和应用的能力
3. 在现实生活中学以致用的能力
4. 解决问题和决策的能力
5. 获得并保持身体健康、情感健康和认知健康的能力
6. 适宜的情绪感知力和表达力
7. 在困境中保持坚韧和保有希望的能力
8. 与他人和世界建立联系，并保持联结的能力
9. 真实且有意义地参与、享受当下的能力
10. 使用洞察力帮助自己成长的能力

优秀的教育者们会本能地把传递知识内容和培养能力相结合。大多数时候，他们会着重于思维能力的培养。其他能力虽然也会得到一些关注，但它们往往只是积极的学习环境或引人入胜的课程所带来的副产品而已。

为了帮助孩子们迎接未来的世界，我们需要关注全部的十大能力。每一个学习机会（无论是在教室里，还是在教室外）都应该被视为学习、使用、发展或加强这些能力的机会。

过去几年中，美国越来越多的州和学区都把这些能力作为所在地学校的毕业要求之一（清单上第2～4条是最受欢迎的）。虽然这是一个很大的进步，但州政府和学校必须要明白：这些能力是相辅相成的，年轻人能够展示出第2～4项能力的唯一途径，就是让其他七项能力也在后台良好运行。

在熟悉这十大能力之前，我们还要记住以下几点：

- **每个孩子的脑回路是不一样的。** 如今的孩子们将以他们自己的方式获得并需要这些能力，而更为落后的和面临更多障碍的孩子们所需要具备的能力也更多。

- **背景和环境很重要。** 不同的情况下，不同的孩子会呈现出对这些能力在需求数量和种类上的不同组合。

- 这些能力并没有反映出孩子们所需要的全部能力。还有很多重要且专业的技术和学术的技能并不在这个清单上，列出的这些只是他们未来最常用的通用能力。
- 这些能力大多可以在生命早期学习和养成。孩子们越早学习到这些，就可以越早实践，他们也会过得更好。

保持专注与完成任务的能力

今天的孩子们必须学会保持专注和完成任务。这让他们在受到干扰时，也能够做到专心致志，沉浸其中。同时，具备这一能力也意味着能够获得并保持条理性，还能找到管理事情优先次序的方法。

在孩子们的一生中，他们需要专注并努力地处理各项事务。如今，数字化干扰无处不在，持续涌现的信息、选择和通知，会不断地抢夺他们的时间、干扰他们的注意力。以至于对他们来说，专注、聚焦和完成任务会变得越来越困难。

为了在未来世界能够保持专注和顺利完成任务，今天的孩子们需要学会：

- 遵守并记住指令

- 管理造成分心的原因

- 集中注意力，觉知当下

- 获得并保持条理性

- 完成任务和项目

- 练习自我意识

- 建立成长型思维模式

- 沟通需求

- 自律地使用电子设备

卡尔·纽波特（Cal Newport）在为他的著作《深度工作》和《数字极简主义》做研究时，对专注力有了更多了解。从他的研究和个人经验来看，他认为"不分心的专注力"是未来生存的关键。卡尔将专注力描述为一种越来越稀缺的商品，一种可以通过实践来提高其价值的商品。

对于这种能力来说，最大的威胁就是电子设备那"叮"的一声的提示音。那些讨厌的通知打断你正在做的事，仅仅是为了告诉你一些你通常不需要知道的事情。每条通知都像电子毒品或老虎机一样，给身体和大脑注射了一种带来短暂快乐的化学物质。查看通知或者刷新界面看看有多少人赞了你发布的内容，会产生一种类似于药物兴奋的生物反应。所以，如果你或你的孩子开始感觉对电子设备上瘾，那这可能不仅仅是种感觉。

除了电子设备，还有其他分散孩子注意力的因素。恐惧、焦虑和担忧，这些会引起大脑不同的反应。当压力和恐惧增多时，肾上腺素就会启动，并把思想和注意力引向令人焦虑的事物上，并引发我们战斗、逃跑或僵住的应激模式，这种模式会让我们无法集中精力做任何事情。

想象一下，你正在等医生来电话通知你一个很重要的检测结果。你还能专心完成工作任务吗？估计不行，除非你用明确的专注力和正念技巧来控制。为了抵抗雪崩式的分心和干扰，今天的孩子需要一些方法让自己冷静下来，重新集中注意力，并调整好心态。这需要时间和工具，以及实践。

如何培养这种能力

在制订长期战略时，有一些小技巧可以使用。其中包括在吵闹的环境中工作时，使用降噪耳机、关闭手机通知、关闭Zoom里的"画廊视图"，或者下载可以拦截一些网站的应用程序。

孩子们需要学习在网络世界和真实生活中集中精力完成事情。如今，能做到线下线上自如转换会比以往任何时候都更为重要。

加强自己的执行力是激活这种能力的好办法。执行力是我们大脑组织、记忆和处理信息的能力。同时它还帮助我们进行自我控制——当我们被不断刷新短视频所诱惑而不好好完成任务时，这一点尤其重要。

> **练习专注和完成任务的方法**
>
> - 拼图
> - 桌游/棋盘游戏
> - 记忆游戏
> - 从头到尾完整地听一场音乐会、看一部电影或体育比赛
> - 用日历、记事本或任务整理工具
> - 正念练习

思考、创造和应用的能力

今天的孩子们必须学会思考和持续创造，这样他们才能够体验和驾驭一个快速变化的世界，并为之创造贡献。他们必须得把自己的想法和知识应用到现实世界中，克服更复杂的困难，完成更艰巨的任务。明天的世界需要巨大的创造力和革新。突发的挑战和风险将需要批判性思维和洞察力。成人们会成为终身学习者

和终身工作者，所以学习、思考和应用会变成人们一生的实践。

要在未来做到思考、创造和应用，今天的孩子们需要学会：

- 运用他们的想象力

- 保持灵活性，能从一件事变通到另一件事

- 学会学习

- 有策略

- 思想开放

- 保持好奇和反思能力

- 尝试新事物

- 承担健康风险

- 在事情不顺利时，坚持不懈

如何培养这种能力

下面有一些很棒的方法能够发展和加强这些能力。可以考虑参加一些STEAM（科学、技术、工程、艺术、数学等多领域融合的综合教育）理念的活动，或者学校和家里设立的创客空间项目。几年前，我带着儿子们参加过我们学区的创客空间一日营。不到两个小时，儿子们就完成了让机器人在体育馆地上打滚的项目编程。他们先用积木设计了一个想象的世界，然后把它编成了

一个虚拟电子游戏。他们最喜欢的是，把自己做的乐高变成动画效果，放进游戏里。我大儿子建了一个直升机，上面放下来一个救生梯可以拯救乐高大熊猫。我小儿子做了一个闪着警报灯的卡车，能从桌子一头嗖地一下跑到另一头。[2]

让我们看看张贴在创客空间营墙壁上的这五条醒目的规则：

1. **提问。**找到问题，并问自己：其中的挑战是什么？

2. **想象。**头脑风暴各种主意，并选出最好的一个。

3. **计划。**做一个模型或画一张图，并收集所需材料。

4. **创造。**测试模型，遵循计划。

5. **改进。**它有用吗？怎样才能做得更好？重复第1~4步，进行修改。

这些规则抓住了孩子们成为优秀的思考者和修补者所需要的能力。它们对任何课业学习或任务项目来说，都是极好的路标。

未来，我们大多数人都会觉得自己永远都是新手，总在试图了解发生了什么，然后努力弄明白。[3]未来的力量——机器、势能和市场变化，将要求年轻人能够独立思考，并把他们所知道的应用到鲜为人知的领域。要拥有这种水平的创造性思维，需要坚韧的精神、承担风险的勇气和尝试新事物的信心。[4]

听起来可能有点奇怪，另一种加强这种能力的方法是帮助孩子们学会管理他们的情绪，减少焦虑，并获得足够的睡眠和健康的食物。紧张、疲劳或饥饿，会把能量从大脑的"思考"和"应用"部分（大脑前部的执行部分）拉走，并把它送到大脑后部的杏仁核（大脑中负责"本能"的部分）。一旦如此，孩子们会陷入生存模式，会快速考虑该"攻击"还是"逃跑"，而不是进行思考与创造了。当我们试图生存时，我们的精神能量就只能聚集在肌肉、四肢、视觉和感官上了。⊖

最后，研究人员发现了这些能力和专注力之间有非常直接的联系。这种联系再次证明了，如果你想要孩子未来能成为思考者和创造者，就必须要在其他九种能力上下功夫。

⊖　身处高风险的环境、面对困难或经历创伤的孩子可能会发现自己一直在努力思考和学习，因为他们在生理上处于高度戒备状态。经历种族主义和压迫是一种日常的"有毒压力"，它会损害年轻人的自我意识，以及他们学习和发展的能力。脑部扫描显示，长期经受压力和创伤的孩子的杏仁核变大、前额叶皮层不成熟（这意味着他们的执行功能最终不会发达）。基本的园艺原则适用于此：你浇灌什么，它就会长什么。前额叶皮层一直发育到成年早期。在儿童早期和青春期（10~26岁），它是非常敏感和易受影响的。如果你想让孩子有机会成为伟大的思考者和创造者，你必须帮助他们管理压力，处理创伤，保持冷静。

学以致用、练习批判性思维和创造性思维的方法

- 模拟、即兴发挥、表演
- 创意写作
- 培养批判性和创造性思维的游戏
- 编程软件和游戏
- 空闲的时间

解决问题和决策的能力

今天的孩子必须学会解决问题和做出决策。这要求孩子们有能力审视当下的情况，熟悉它，然后思考自己需要做些什么。解决问题和做出决策是相辅相成的。它们应该被看作是一个持续的过程，而不是要完成的事情。

未来世界将包括今天可预测的问题和新出现的问题。孩子们将要面对的是全新的、全球性的和政治性的挑战，其中一些挑战在今天看来似乎是永远不可能发生的。在工作场所，今天的孩子将会领导、管理和应对与技术、环境、安全甚至外太空相关的全新关系。这会带来新的道德伦理问题以及创新的机会。

为了未来能够解决问题、做出决策，今天的孩子们需要学会：

- 做一个好的计划者

- 做到足智多谋

- 批判性和创造性地思考

- 善于沟通和倾听

- 处理冲突

- 知道什么时候该深思熟虑，什么时候该采取行动

- 务实

- 培养同理心和同情心

如何培养这种能力

"玩"是培养和增强这种能力的一个重要部分。在童年早期，孩子们通过玩耍学会了如何沟通、协商、解决问题和做决定。这种能力的培养不仅发生在课间休息或群体活动的群体环境中，还发生在独处的时候。对于年龄较小的孩子，当他们把一个纸板折成火箭，或者把一箱毛绒玩具变成一个盛大的生日派对的时候，你可以观察到这种能力在他们身上被激活了。而对于年龄较大的孩子，你能从他们创造的艺术和音乐、讲述的故事或者解决的团队挑战中，看到这种能力的体现。

　　我最喜欢的两个作家奇普和丹·希思兄弟（Brothers Chip and Dan Heath），在他们写作的《决断力》（Decisive）一书中讨论了解决问题和决策的艺术。在书中，他们谈到了在做决策前，权衡不同的选择和考虑他人的观点是多么重要。有些事很容易妨碍你成功地解决问题和做出正确的决策，其中包括：思维狭隘、情绪化行为、短视、总想证明自己是对的。今天的孩子可能更容易掉入这些"陷阱"，因为他们将在一个更加快速和疯狂运转的世界中解决问题和做出决策。

　　我和科尔公司的首席技术官保罗·加夫尼谈到过这个话题。他指出，未来将总是有新的解决方案和产品出现，这意味着今天的孩子们需要有方法来比较和评估各种选择，然后决定什么是最好的。他们的问题解决力和决策力需要变得迅速、持续，并能够自我修正。如果他们能培养强大的资源管理能力、认知灵活性和情感力量，将会对此有所帮助。

　　想象一下，你花了很多时间来解决一个复杂的问题，但几个月后它又重新出现了，我们都有过这样的经历。今天的孩子们也会如此，而且这种情况出现得更为频繁。保罗强调，他们需要知道去哪里看问题是否发生了变化，以及发生这种情况时该怎么做。这样做会激活其他能力，特别是专注力、坚持力和创造力。

练习解决问题和做决策的方法

- 做饭或建造一些东西
- 模拟和即兴表演
- 辩论和进行观点写作
- 寻宝游戏和拼图
- 玩耍，包括游戏和组织性的活动
- 教其他人（例如，成为同龄人的领导者，或成为比自己小的孩子的好朋友）

获得并保持健康的能力

今天的孩子们必须学会保持身体健康、情感健康和认知健康。个人健康是生活、学习和工作的必要条件。生活在贫困和危机中是很难保持个人健康的。除了个人的健康习惯，年轻人还需要有高质量的并且可负担的医疗保险，包括行为健康服务。

当下的现实与未知的未来会使今天的孩子们耗尽全力，他们的健康状况会直接影响学习和工作的能力。教育锻炼头脑，而头脑是身体的一部分，孩子们的健康会直接影响他们的学习和发展。

未来世界将伴随着全新的、不一样的健康风险——从水和基础设施问题，到超级病菌和巨型城市等各个方面。信息和电子干扰，也会让人们信息过载和应接不暇。这一切都在说明，今天的孩子们需要各种方法来保持身体健康、情感健康和认知健康。

为了在未来获得并保持健康，今天的孩子们必须学会：

- 增强执行能力

- 练习自我保健，特别是健身和放松技巧

- 激活基本的生活管理技能

- 足智多谋

- 练习自我意识

- 培养一定程度上的希望和乐观主义

- 管理使用电子屏幕的时间，能自如地连接和断开

- 保持与他人的积极联系

- 应对艰难困苦

在我为超龄的和信用不足的青少年开办的学校里，我每天都能见证很多健康和教育之间的联系。我们学校针对的人群是曾经因为生活困难辍学、如今依然想要争取完成高中学业的孩子们。时机对他们来说非常不利：许多人既要上学还要兼职，有些人已经为人父母，几乎所有人都生活在贫困之中，邻里间的暴力问题也司空见

惯。他们每个人都有自己悲惨的故事和不同程度的心理创伤。

但我们在尽力支持他们，我们有社会工作者和可靠的个案管理服务。我们与能找到的每一个社区机构合作。在学校，学生可以直接获得医疗和心理健康服务、咨询、住房、食品银行和儿童托管。我们通过社区服务来支持他们的健康，效果非常显著。一旦支持到位，我们就会发现很多原本落后的学生在课堂上表现踊跃起来，已经从点名册上消失的学生也会突然回到学校来。

获得并保持健康是我们在自己的生活中很容易追踪到的一种能力。回顾过去，我可以轻松地指出那些由于身体或心理健康使我的学习或工作更加容易或更加困难的时刻。在日常生活中，我知道当我特别疲惫、担忧或饥饿的时候，去上班并履行我的义务是多么困难。另一方面，当我经常锻炼身体，感到心境平和、满足时，我会觉得一切皆有可能。

如何培养这种能力

想要了解这项能力的组成，请从以下四个维度考虑健身和健康：

1. **身体上。**今天的孩子们需要摄入健康食品来滋养他们的身体和大脑。同时，他们需要足够的睡眠，以便在清醒的时候集中精力和思考。⊖ 如果孩子们的健康出现问题，他们的症状和药物需要妥善管理。

2. **情感上。**孩子们需要感到安全和被支持。在大多数日子里，他们的情绪应该是平静和可控的，没有有害的想法或行为。如果他们的心理健康出现问题，他们的症状和药物需要妥善管理。

3. **认知上。**执行能力要到20多岁时才会完全形成，所以孩子们要一直努力加强和发展他们的执行能力。他们应该练习如何让自己冷静下来、集中注意力，尤其是在面对未知、不确定、超负荷或不知所措的时刻让自己保持专注。认知健康包括能够自我调节、专注、组织、记住事情、灵活应变、集中注意力和完成任务。而对于有认知障碍的孩子，他们将需要额外的工具和支持。

4. **社交上。**孩子们应该知道他们该与谁联系、何时联系。他们应该掌握可以寻求支持、获取乐趣的人脉和机构。他

⊖ 孩子们需要睡眠，但很少有足够的睡眠。我曾经在俄亥俄州遇到一位女士，她正在为改变高中生的上课时间而奔走。她认为现在的高中生上课时间过早，这影响了青少年的安全、学习和发展。她向我展示了无可辩驳的证据：青少年比成年人需要更多的睡眠，熬夜或早上赖床并不是对家长的反抗，而是合理的身体疲惫和生物性反应。今天的孩子每晚的睡眠时间比30年前少了1小时。而这些缺失的睡眠时间本可以帮助他们学习和记忆东西，并更好地管理自己的情绪。

们应该拥有让他们感受到被爱与归属感的空间和同龄人群体，并能以积极、健康的方式参与其中。

以上四个维度为孩子的未来设定了最低标准。这项能力的影响远远超出教室的范围，延伸到了我们的家庭和社区。健康需要有营养丰富的食物、预防性保健和心理健康支持。扰乱生活的因素，如饥饿和无家可归、创伤或心理健康危机，都是可能而且确实会发生的事情。但它们都应该是暂时的、可恢复的。这是一项基本能力，如果没有得到很好的发展，需要立即进行干预。

练习获得和保持健康的方法
• 定期在优质医疗保健机构进行体检
• 锻炼和娱乐
• 参加运动队
• 花时间身处大自然
• 与他人一起做饭、吃饭
• 写信或写日记
• 有一个爱好或加入一个俱乐部
• 保持足够的睡眠，包括必要的小憩

应对、调节和坚持的能力

今天的孩子们必须学会适当地感受和表达自己的情绪。当他们经历变化和挑战时，他们必须有能力坚持下去，保持希望，并利用洞察力来成长和发展。

未来世界会包括一系列的过渡和转变。其中，有一些是突如其来、意料之外的，还有一些是我们预料之中并已经为之做好准备的。不管这些过渡和转变是好是坏，这些时期总是具有破坏性，并给人带来压力。随着孩子们生命周期的延长，他们需要可靠的策略来理解"奋斗"，这将使他们能够持续前进和成长，即使是在艰难的时候。奋斗的内涵，包括健康的应对技巧、充分的自我调节，以及在无法解释的困难发生时找到意义和接受的能力。这种能力在与他人建立健康、积极的关系时表现得最好。[5]

除了应对生活中更艰难的人生阶段，今天的孩子们还需要以健康的方式融入虚拟空间和科技的发展。数字世界中，信息更易暴露，隐私往往也更少。这也让年轻人更容易面临网络霸凌、匿名批评和远在网络另一端的残忍对待等风险。这是一个由超级连接、消费、即时性和获取性所定义的世界。[6]在网上，我们的生活越来越公开，并且被随时记录着，这带来了新的问题，比如：当事情发生时，应该如何应对、调节和坚持。

为了应对、调节，并在未来坚持下去，今天的孩子们必须学会：

- 练习自我照顾和自我觉察
- 控制冲动和管理情绪
- 加强认知的灵活性
- 与他人建立积极的联结和关系
- 保持开放的心态
- 培养同情心和同理心
- 保持思考和警觉

今天的许多孩子在这项能力上表现得非常弱。生活的压力正在使他们生病，并引发心理健康问题，特别是焦虑和抑郁。我每次谈起这本书，人们都会告诉我，他们有多么担心年轻人的心理健康问题。

一位大学的管理者告诉我，他的大学无法满足学生的心理健康需求，试图自杀的学生人数在逐年上升。焦虑正处于历史最高水平，一些学生因此请病假休学。一位前教授也有同样的反馈，每个学期都会有更多的学生中途退出他的课程学习，因为他们无法在大学的要求下管理自己的焦虑或抑郁情绪。另一位教授是这样解释的："太多的学生被他们的心理健康问题所困扰，最终他们被自己的恐惧、焦虑和悲伤拖垮了。"

这些情况不仅发生在大学生身上，还发生在儿童身上。我们有一个家庭成员是学校的心理学家，在过去的几年里，她每周都要进行两次或两次以上的自杀评估，有时针对的竟然是年仅8岁的孩子！

为什么今天的孩子过得这样艰难？原因是五花八门的：或许是因为科技泛滥或网络欺凌，或许是因为日益恶化的环境、歧视或家庭压力，抑或是因为对校园霸凌、疫情或自然灾害的恐惧，还有对学习成绩不切实际的高期望，甚至还有可能只是因为他们已经知晓了未来的生活会很漫长且艰难。

在理想的世界里，我们的大学和学校会有预算，来为今天的孩子们提供他们所需要的咨询支持和心理健康服务。但现实世界中，这可能无法实现。

为了在没有这些支持的情况下解决问题，我求助了我的同事克丽丝特尔·麦吉尔（Cristal McGill）。克丽丝特尔是我在所有教育心理学、神经科学和学生复原力方面的首选专家，她曾在美国各地的学校工作——从大城市到阿拉斯加最偏远的地方。根据她的经验，培养抗压能力是帮助孩子们应对、调节和坚持的关键。年轻人需要学习如何从困难中振作起来、恢复控制力并找到意义，以及从混乱中恢复秩序。

如何培养这种能力

以下是孩子们可以练习培养抗压能力的一些策略。[7]抗压能力使他们能够更好地应对各种情况（如研究表明的一样），随后冷静下来，对抗增长的压力、焦虑和抑郁。

- 学习如何专注于当下

- 练习如何让自己停下来

- 在充满挑战的时刻，学会驾驭内心的力量

- 对新的可能性保持开放的心态

- 向朋友和家人寻求支持

- 练习感恩

- 与更大的目标相联结，不管是精神上的还是其他层面的

- 在失败或错误中寻找意义

- 学会在犯错时道歉，并积极修复受损的关系

克丽丝特尔认为，安全的和具有支持性的学习环境是练习这些策略的完美场所。通过在整个童年以及青少年时期的学习和练

习，这些策略会变得强大且可靠，足以在成年后继续使用。

练习应对、调节和坚持的方法
• 角色扮演
• 晨会或其他形式的打卡
• 以恢复和治疗为核心的练习
• 创意写作或写日记
• 社会情感技能的发展

与他人接触和联结的能力

今天的孩子必须学会与他人和世界建立、培养和维持健康的关系。他们必须知道如何与他人相处，并以适当的、真实的且有意义的方式与他们互动。

今天的孩子们会有一生的时间在人际之间和网络上与人打交道。更长的生命周期将带来更多的关系和更长的养育与合作。终身性的友谊也会变得越来越重要。[8]

除了人际关系之外，年轻人还需要弄清楚如何在情感上与机器打交道，尤其是人工智能。今天的孩子们未来可能真的会面临这样的选择，比如他们是否想要一个机器人做自己的同事，或者他们是否愿意为孩子找一个机器人护士或保姆。这些科幻小说中的故事情节将成为他们未来日常生活的一部分。

今天的孩子们是在一个更为多样化和拥挤的世界中成长起来的，因此学习如何尊重个体差异和文化差异是很有必要的。在一个开源社会中，有数字媒介的加持，全球化和互联性会越来越强，互联和参与的能力将是最为基础和最需要掌握的，相关的行为和习惯应该在儿童时期就开始学习和实践。

为了在未来与他人建立联系和交往，今天的孩子们必须学会：

- 练习自我控制和自我觉察

- 好好沟通和倾听

- 知道跟谁联结、联结什么，以及什么时候联结

- 管理和维护关系

- 应对困难和不确定性

- 练习外交和冲突管理

- 要有适应能力

- 保持开放的心态和好奇心

- 培养同情心和同理心

- 集中注意力，并处在当下

这种能力对未来的劳动力来说，尤为重要。他们的工作将在人类和机器之间重新设想的关系上开展。每个人都将处于接触技术的关系中，需要积极地参与技术。[9]就业情况会随之出现波动。当工作有保障时，我们将享受与同事的关系。当工作不稳定或失业时，我们将需要来自家庭和朋友的支持。

如何培养这种能力

学会与他人（尤其是那些与我们不同的人）建立联系，是通过接触和经历来实现的。我在2019年访问伊利诺伊州年度教师苏珊·匡威（Susan Converse）时，她在爱德华兹维尔高中发起的"虎穴"活动让我看到了这一点。苏珊是一名特殊教育教师，她创办了一家学生经营的咖啡馆。在虎穴，有特殊需要的学生（他们有的有高功能自闭症，有的有严重发育迟缓问题或身体缺陷）和普通学生配对，一起烹饪、烘焙，售卖热饮和糕点。

这种边学习、边工作的模式，将大脑功能异于常人的年轻人（那些在神经功能或身体发育上与常人不同的人）和大脑功能正常的年轻人放在一起。在咖啡馆的环境中，他们能够一起工作，为更广泛的学校社区提供有价值的服务。这样做的好处很多，不仅可以培养能力，还可以帮助他们获取其他的人生货币，如现金、关系以及证书的信用价值。通过"虎穴体验"，年轻人得到了他们所需的实时培训，以便和那些与他们不同的人一起生活和工作。

练习与他人接触和联结能力的方法
• 团体活动和项目
• 由青年领导的论坛和风险项目
• 实习
• 有组织的运动和俱乐部活动
• 自由游戏、娱乐和课间活动
• 做志愿者
• 同龄人辅导或伙伴计划

能力与个体背景

现在，在我们对十种最常用的准备能力有了更多了解后，让我们考虑一下能力的个体背景——这非常重要。就像我们每个人的身体系统（如心血管系统、肌肉系统）让我们保持身体活力一样，我们每个人的能力系统使我们能够在这个世界上发挥作用。

不同年龄、阶段和情况的个体具备的能力不同

这些能力，依据孩子的年龄、他们是谁、他们的发展状况如何以及他们想做什么，而呈现出不同的样子。尽管我们按年龄或年级来组织、安排大多数青少年的实践，但这并不总是与他们的处境或他们的需要相匹配。正如我们所知，每个孩子都有自己独特的发展时间表。

儿科医生用成长图来跟踪儿童身高和体重。我们也应该为年轻人的认知、社交和情感发展提供类似的图表。先有一个典型的发展范围，然后每一个独立的年轻个体就有了可以匹配规划或需要的轨迹。

这就是为什么年龄和阶段非常重要的原因：对于年幼的孩子，你如果期望他能够集中精力不受干扰地完成任务并且持续很长的时间（比如说10分钟），是不现实的。对于那些有多动症行为的孩子来说，这就更难了，尤其当他们被要求做一些自己不想做的事情时。专注力的基本规律是，孩子在一件事上能够保持专注的时间和他的岁数一样，上限是20分钟。也就是说，对于一个发育正常的5岁孩子来说，在做一项活动5分钟后分心，是很正常的。

现在该考虑个体背景了。我们会对照一般规律，然后根据孩

子的具体情况以及发生的事情来进行具体调整。对于有注意力障碍或谱系障碍的年轻人，我可能会减少对他们专注时长的期待，除非他们是在做自己喜欢的事情，这种情况下，我可能会期待更长的专注时长。但当孩子嚷嚷着饿了、分心的时候，我就会让他停下手里的事情。

处于边缘状况需要的能力

有一些年轻人必须比其他人付出更多的努力才能成功，他们每天都要面对其他人看不到的挑战。他们的种族、民族、宗教、性别或性别认同、法律地位、经济状况、家庭生活或身体和心理健康现实，都迫使他们要比其他人更加努力，而这并非他们自己的过错。这些生活在边缘的孩子，需要额外的技巧和策略来应对日常的现实和期望。

我们要保持开放的心态和敏锐的洞察力，去了解生活中的年轻人，了解他们的历史和现实。只有这样做，我们才能够以他们需要的方式，更好地帮助他们发展最需要的能力。

能力和其他人生货币

能力与孩子们需要的其他人生货币（现金、关系和证书）是高度相互依赖的。有能力但没有经济或社会地位的人，就像试图在浴缸排水口没有塞子的情况下洗澡，一切对他来说都变得更加困难，有时甚至是不可能完成的任务。孩子们的现金储备和健康的社交关系越少，他们发展和加强自身能力的困难就越大。只有当一个年轻人的基本需求得到了满足，他的肚子吃饱了，他的头脑得到了休息，他才更容易"获得和保持健康"或"思考和创造"。

一个人拥有的现金、关系和证书的数量要么会增强能力，要么会削弱能力。当我们思考今天的孩子们为了未来世界需要什么的时候，我们必须明白，这些能力是相互作用的，是与其他人生货币一起发挥作用的。如果年轻人有足够的能力，但仍然缺乏基本的资源、支持和资格，我们就不能指望他们在生活中取得成功。

CHAPTER FOUR

第四章　社交关系

关系：你认识的人和认识你的人

16岁时，我离开新泽西州，搬到南佛罗里达州开始上大学。我带着装裱好的普通教育证书、几个行李箱、一个滑板和一腔热血，离开了一个人人都认识我的小镇，来到了一个我谁都不认识的地方。在新泽西州，我建立了根植于共同童年的终身友谊，当然，那里也是一个大人们可以公然对我这辈子能做什么表示怀疑的地方。为了启程，我必须离开。

在佛罗里达州，我的社交圈被不断拓宽。除了上大学，我还处于戒酒的早期康复阶段。当时，我每天都会去一个匿名戒酒交流会，由于还没到能开车的年龄，所以需要参加的聚会都要在步行范围内。那些聚会也正好都在棕榈滩岛上举办。

棕榈滩是美国最富有的社区之一。这里有着修剪整齐的草坪、美丽的豪宅、干净的街道，还有一排排笔直的棕榈树，简直是人间仙境。这座岛有1.6公里宽，几公里长。这里以丰富的游览景点和一条名为沃斯大道的商业街而闻名。

晚上，我会从西棕榈滩的大学宿舍穿过海岸，去参加在海岛教堂和餐厅举行的戒酒会。其中有一个小时，我和一群人坐在一起，他们的社会地位和拥有的财富超过了我自己认识的所有人。

那段时间，和我一起戒酒的同伴深深地影响了我。康复就像一座桥，他们带我接触了一个不同于我从小身处的社会阶级。慢慢地，我学会了美国精英阶级的举止和交谈方式。严格地说，我当时还处在青春期，这些经历对我的性格形成有着很大的影响。在我那些富裕的戒酒朋友和大学同学之间，我学会了对待生活和应对挑战的新方式。这让我在一个新的社会圈层中变得更加自如，同时，我也一直受益于家乡友谊的滋养。

大学那几年是我人生中最美好的时光。我在一个卓越的社交网络中沉浸、熏陶，这让我的未来充满了更多新的可能。同时，我坚持戒酒原则，扎根在康复社群中，不断成长，并敢于渴望一种超越我以往期待的生活。

渴望联结

我们生来就需要群体以及与人的联结。人类的特质就是彼此需要。当我们与自己在意的人相处时，身体和大脑都会出现积极的反应。这些人际关系的质量决定了我们会成为什么样的人、我们的行为方式、我们的选择，还有我们的寿命长短。[1] 当今天的很多孩子可以活到100岁甚至更久时，这些关系就比以往任何时候都更为重要。[2]

随着他们的成长，年轻人在经历巨大的变化和个人转变时，需要有人陪伴和支持。这种联结的需要是深层的，而不是表面的。网络社交平台将会成为孩子们建立关系的核心手段，但这种关系远不如现实中的关系那样强大。我们应该把这些网络社交方式当作与人保持联系、开阔社交视野的工具，同时也要意识到这种方式很难达到现实生活中面对面交互的质量。[3]

相反，我们应该鼓励年轻人把这些平台看作是社交关系的通讯录，或是一个能大量存储和维护与我们有关系的人的资源库。我的大学经历很特别，因为我可以与大学校园里的同学以及棕榈滩岛上的人一起参与现实生活。当时，我的远距离关系还只能通过电话来维系，虽然这是很重要的方式，但单靠电话往往是不够的。时至今日，我仍然通过社交网络平台与过去的许多朋友保持着联系，但依赖更多的是与我一起生活和工作的人给我的直接的、面对面的支持。

今天的孩子们都处在超级关联中，然而，他们似乎越来越感到孤独和孤立。在新冠肺炎疫情迫使我们处于不同程度的隔离之下时，这种情况变得更加严重。人们在社交网络上有成百上千的"朋友"和点赞，但生活中能求助的朋友和亲人却越来越少。在这个日益艰苦的时代，这无疑是一个坏消息。

我的同事杰米-亚历克西斯·福勒（Jaime-Alexis Fowler）是Empower Work（一个帮助工人驾驭复杂就业情况的数字平台）的创始人，他认为这种现象是一种认知失调的状态。孩子们大量的网络连接已经导致了一种社交疲劳。无论是大人还是孩子，人们虽然会在社交平台上发布大量的日常生活给所谓的"朋友"看，但只会邀请几个人一起共享晚餐，需要帮助的时候，即便是像搭便车回家这样的小事，也只会寻求少数几个人的帮助。

最重要的联系

今天，孩子们的社交生活必须远远超出数字世界的"朋友"和浅层次的超级连接。因为在未来陌生又难以预测的世界里，孩子们需要的是充满活力的、多样化的和有持久性的朋友、支持和社交关系的集合。其中最重要的是，他们需要"救生索""开门人"和"导航员"。这些重要的个体构成了年轻人社交网络的基础，在社交媒介层面之外，为他们提供了现实生活中的关怀、群体、认同、机会和力量。

- **救生索。**救生索是指无条件支持你的人。他们的作用是在你生活困难的时候为你打气，扶你起来，推动你前进。救生索可以是朋友、同事、精神导师、辅导员、老师、教练或者家人。这些都是你在乎并且也在乎你的人，他们为你提供安全、稳定和支持。救生索不需要你增加社交资本的投入，他们只需要待在你身边，理解你并且毫无保留地爱你、支持你。

- **开门人。**开门人不需要一直存在于你的生活中，他也可能是（或者日后成为）一个救生索，但不一定是这样。这个人（或项目）可以为你打开一扇对你关闭的或你未曾见过的大门，这扇大门会帮你通向新的机会。开门人是社交的推动者和桥梁，他们将自己的资源和社交网络引荐给年轻人，拓展他们的社会资本和社会关系，为他们提供新的社会、文化和经济的福利。家庭出身富裕的年轻人有机会继承家庭的丰富资源和开门人，但那些没有机会接触到开门人的年轻人就会被拉开差距。

- **导航员。** 导航员是帮助我们理解新机会、新环境、新经验如何运作的人。他们可以是辅导员、精神导师、主管或者同侪顾问。他们可以是自荐的，也可以是被指派的。在学校里，导航员有可能是比你年长的人，比如一位相同背景的学生领袖，甚至可以是一位体贴的老师或教授。在职场中，导航员可以是同一个部门中或同一个职位上更为有经验的同事。导航员可能在某些方面与年轻人有相似的经历，也可能和年轻人有着相同的身份认同，比如种族或性别。他们会帮你了解一些地方的文化，了解你该期待什么或者你会被期待什么。导航员可能在一开始是开门人，往往也可以成为救生索，但情况并非总是如此。导航员是你可以向他询问的人，关于某些事情意味着什么，或者如何完成某件事。

关于这些重要关系的能量研究非常明确地表明，积极的社交关系和资源将帮助今天的孩子学到更多的东西、更努力地工作，并活得更久。[4]

救生索

如果没有维托比萨店的伙计们、路易斯夫人、琳赛、波博士、阿里、芭芭拉、阿曼达、高塔姆和吉姆，我就不会成为现在的我。这些精神导师连同我的父母，是我青少年时期和成年初期的救生索。我依靠他们持续的、不带批判却充满了责任心和忠告的引导而成长。他们每个人都在我生命中扮演了不同的角色，并在生活的各个方面支持着我。对我来说，在成长之路上支持我的不是只有一个体贴的成年人，而是有很多个。

如果不是我最亲爱的朋友们，我就不会在这里。我把他们称为我的"生死之交"，他们都是与我一起经历过失败和挫折、庆祝和里程碑的朋友。

救生索是年轻人的社会和情感黏合剂。他们提供了无尽的归属感、团结、接纳和意义。这些人无论是在你的顺境还是逆境中，都会挺身而出。[5]他们无私的爱即使距离遥远或时间分离也能让你有游子返"乡"的感觉。救生索关系在相互的信任和共同的经历中诞生。我爱并信任我的救生索们，我知道他们对我也有同样的感觉。这些不是用来出人头地的利益关系，而是建立在相互尊重、享受、关心和承诺之上的关系。

未来的不确定性和风险将需要强有力的救生索。对于渴望稳定、安全和恒定的这代年轻人来说，这种关系变得尤其重要。大环境无法满足这些渴望时，社交可以满足。在一生中，这些渴望可以由友谊、导师和家庭关系来填补。

救生索是学习和工作之间的纽带

如果今天的孩子有强大和积极的社会支持，他们将更有可能完成学业[6]，并获得他们需要的工作[7]。如果你想知道孩子们是否会上大学或找到一份好工作，只要看看他们的朋友是否在这样做，或者他们生活中的成年人是否在推动他们这样做就行了。我们最亲近的人在生物学上对我们有"传染"作用。[8]我们会倾向于做朋友和家人们在做的事情，想要打破这种"传染"，需要付出努力。这种现象的产生是因为我们更关注自己在乎的人所关注的事。

除了社会传染，我们的学习和工作方式与我们的社交和情感表现相呼应。对年轻人来说尤其如此，这是因为青春期的社交和情感经历比生命中其他时期的更为重要和强烈。[9]

如果你有社交焦虑，感到被排斥或者在与朋友和家人争吵，这些会导致你更难专注于学业或工作。教师和青年工作者经常看到这种情况，这也是拥有一个包容和积极的学习环境十分重要的原因之一。经验告诉我们，如果一个年轻人觉得没有归属感，他们的表现和行为将受到影响。经验还告诉我们，当孩子们处在积极的和有回应性文化的环境中，并被关心他们的人所包围时，更容易茁壮成长，工作上也更努力、表现更好。

正如我从波士顿学院教授大卫·布卢斯坦（David Blustein）那里了解到的那样，随着我们年龄的增长，这种情况依然存在。大卫是一位研究工作关系和未来工作的心理学家。除了教学之外，他在职业生涯的大部分时间里都是一名临床医生，主要致力于帮助成年人渡过失业期、工作转型期以及其他困难。大卫告诉我，成年人的许多社会关系和贡献都依赖于他们的工作。他认为，工作是人们连接世界脉搏的重要方式。[10]我对此很认同。作为成年人，我们在工作中与同事相处的时间比家人还要多。[11]许多人依靠同事间的谈话和工作中的友谊来满足社交需求，这就像孩子们期待着去学校能见到同学一样。

在明天的世界里，工作的性质和结构将变得不同——更加短暂、远程、分散。劳动者将更有可能依赖虚拟网络为自己或多个机构工作。他们会更频繁地更换工作和工作地点，他们的同事也是如此。这些职场变化的动态，可能会让年轻人更难建立和保持深厚且有意义的职业友谊。这使得工作以外的救生索关系更加重要，尤其是在失业或工作转型期间。

一生中的救生索

想象一下人们活到100岁或者更老的生活。正如人口学家和科学家所发现的，生活的质量将在很大程度上取决于社交圈的活力和支持。[12] 作为社会动物，我们的身体和大脑与我们的人际关系相对应。例如，许多报告指出，有紧密社交支持的女性更容易在疗程中战胜癌症；而那些独自面对病魔的人更有可能无法摆脱病痛，甚至病逝。科学家们已经证明，积极的社会交互可以提高免疫力和生产力。经验告诉我们，在知道周围有支持我们的人时，我们会感觉更好，做得更好。

当救生索围绕着一个人或者一个缘由聚集成团体时，它所产生的优势和力量远非任何个体所能提供。这些团体可以动员起来，生发出社会力量；这种救生索团体的力量是社区组织、意见倡导和活动构建的基石。[13]

在《百岁人生》（*The 100-Year Life*）一书中，作者琳达·格拉顿（Lynda Gratton）和安德鲁·斯科特（Andrew Scott）鼓励读者重新思考牢固、持久的友谊和家庭纽带的重要性。在如此多变的时代，救生索的稳定性和影响力将支持现在的孩子们度过许多春夏秋冬和各种局面。今天，他们可能通过指导、交朋友、陪伴来表达对年轻人的关心；明天，他们也可能鼓励年轻人重返学校完成学业，或者在年轻人失业时为其推荐工作。在年轻人需要的任何时刻，救生索将帮助他们暂停、休息、重启和重塑。

可以找到救生索的地方

- 在家和社区中（很多救生索是家庭或社区的成员）
- 导师计划、"伙伴"项目和其他的同学互助团体
- 课外活动和"充实"计划，包括学校的社团和体育活动
- 校外活动项目，包括课外班和夏令营
- 在学校里、在课堂上以及在大型团体活动时（包括午间和课间休息）
- 在集体活动和作业期间

开门人

乔恩·扎夫（Jon Zaff）和福瑞斯特·摩尔（Forrest Moore）已经共事了很长时间。乔恩是波士顿大学惠洛克教育与人类发展学院的教授，福瑞斯特则是在芝加哥大学工作。多年以来，两人

都在"美国承诺联盟"（America's Promise Alliance）担任高级职务。"美国承诺联盟"是科林·鲍威尔（Colin Powell）将军和他的妻子阿尔玛（Alma）创办的一个领导组织，它通过开展提高美国高中毕业率的全国性运动而名声大噪。

乔恩和福瑞斯特与他们的研究团队在联盟工作期间，花时间和年轻人见面，并倾听他们关于上学或辍学的经历。从这些接触中，研究团队进行了两项全国性研究和两项全国性调查。[14] 他们调查了大约3,000名年轻人，并与数百名年轻人进行了交谈。令团队感到震惊的是，几乎所有人都在谈论他们生活中的人，而非他们的处境。那些顺利完成学业的年轻人中，很多人感谢了他们的父母、关心他们的老师、密友或教练。而那些没能完成学业的人都谈论了他们曾经需要但是未能获得的社会支持。

随着乔恩和福瑞斯特的深入研究，他们发现，在学校里表现良好的年轻人不仅有强大的救生索，还有很多别的特点。一个接一个的故事表明了救生索是如何帮助年轻人持续前进的，而其他社交关系网对于寻找新的、更好的机会也至关重要。对许多人来说，这种"支柱和网"的支持网络（后来由乔恩和他的同事在CERES儿童与青年研究院提出的概念[15]）是人和项目的结合。支柱即救生索，可能包含任意数量的家庭成员、老师、朋友或教练；而开门人之网，则可以在课后社团或者大学入学计划的课程中找到。通过他们的工作，乔恩和福瑞斯特了解到：救生索为年轻人提供了关键的社交纽带，而开门人则为年轻人提供了社交桥梁；如果没有开门人，他们就很难找到新世界的入口，更不可能进入。[16]

寻找开门人

出身于资源丰富的家庭和社区的年轻人，往往拥有超出他们所需数量的开门人。他们的父母、父母的朋友、亲戚、同学、同学的家庭和学校，为他们提供了充足的人脉和积累社交资本的机会。我曾经亲眼看见了一个印象最深刻的例子，那是在休斯敦的一次出差中。我当时住在历史悠久的休斯敦人酒店，该酒店因曾经住过乔治·布什总统和妻子芭芭拉而闻名。酒店的客人可以免费进入酒店内的一所高档运动俱乐部。我们在酒店的时候，一位好奇的同事了解到这里的会员缴纳的年费从2万～3万美元不等。

我会游泳，所以在得知可以使用俱乐部的游泳池时，我很兴奋。会议一结束，我就冲到了俱乐部。当时是下午3点左右，俱乐部里充满了孩子们课后活动的喧嚣。有的孩子在咖啡馆里和辅导老师见面，有的在上私人网球课和游泳课，还有的在光滑如镜的球场上打篮球。游完泳后，我在咖啡馆里吃了点东西，并偷听了一个孩子的辅导课——那一定是针对ACT或者SAT（美国大学入学考试）的，因为辅导老师没有把重点放在教授知识上，而是放在提升孩子成绩的技巧上。在整节课中，俱乐部里至少有十几个年轻人路过并向辅导老师挥手示意，这让我觉得这些孩子很可能也都是他的"客户"。

那次咖啡馆的经历提醒了我，美国社会精英的机会是多么丰富。我毫不怀疑，在休斯敦人酒店俱乐部的篮球场上可以找到商业交易和暑期实习的机会，而精英大学的实习面试也是在咖啡馆中进行的，当时他们还穿着运动服。这样的体育俱乐部遍布美国的每一座城市，是属于那些"会员"的身份和地位的象征。在这些房间和场合，"开门"的机会发生着，并且永远不会被公开发布，也不会被他们社交圈以外的人知道。

利亚纳·格申（Llana Gershon）在研究《新经济的没落》（*Down and Out in the New Economy*）时，发现了这样的典型情况：当涉及获得最好的教育和就业机会时，声誉和关系比技能和资历更为重要。[17] 出身艰苦家庭以及父母长期从事低薪工作的年轻人，往往对那些与他们擦肩而过的"在俱乐部"的开门机会一无所知（有时俱乐部距离他们的家和社区仅几分钟路程）。回到休斯顿人酒店，同事中一位来自本地的年轻女性对于这个离她家如此近的酒店感到十分震惊，她甚至从来没听说过这些事，而我对此并不感到惊讶。

我们可以通过高质量的社交资本和关系建设计划，来建立这些"在俱乐部"的联系；可以通过教练和辅导员的关系、参加课外辅导和实习项目以及参与体育活动，来实现这些联系。这些联系都可以帮助年轻人建立社交网络和地位，甚至获取未来获得奖学金的机会。这些关系和项目最终将成为公平的延伸，使那些父母无力负担俱乐部会员年费的孩子也能够从社交桥梁中受益，从而获得新的、可以向上层流动的机会。

我的朋友兼同事朱莉娅·弗利兰·费舍尔（Julia Freeland Fisher）告诉我，这些精心设计的社交关系为打开新兴趣、新机会和新职业的大门提供了必要的支持、信息和背书。[18]

朱莉娅在研究中还发现，一些新兴的数字工具可以促进或支持开门人的引入。考虑到数字体验将不断向前发展并被频繁使用，这一点尤为重要。其中一些工具（包括Nepris和Educurious）可以让年轻人接触到他们感兴趣的领域的专家。还有一些工具提供基于虚拟工作的学习经验，这可以为年轻人提供通往未来职业和专业网络的通道。这些数字工具大有前景，与其说是因为它们的技术实力，不如说是因为它们有潜力突破历史成本和地理屏障，让开门人能够在以前年轻人无法触及的地方提供机会。

可以找到开门人的地方
• 课前和课后的社团和体育活动
• 导师和实习计划
• 线下或线上的职业路径机会，包括工作和基于工作的学习计划
• 学校与社区的合作项目，特别是与当地雇主和学院的合作项目
• 双学分课程⊖和大学预备营机会

导航员

有时我用脸书来查找我需要的信息。当地有几个"妈妈群"，每个群都有成百上千的成员，她们分享故事、提供意见、交换建议。这几个群为我提供了既亲近又亲密的各种益处。我所在镇上的一些其他妇女在抚养孩子时，往往有与我类似的问题和担忧。

下面就是一些经常出现的热门问题：

⊖ 双学分课程是指美国学生在读高中期间可以学习的大学课程。——译者注

　　"求助，我需要一个新的儿科医生，现在的医生不太
合适，你有没有推荐的？"

　　"有人知道现在是不是在闹流感？我儿子过去一周一
直在生病，尽管接种了疫苗，但我还是觉得应该带他去做
检测。"

　　"我和爱人想出去吃晚餐，有没有好的建议？我们已
经很久没约会了。"

　　这些女性和我处在类似的生活阶段，她们的孩子和我的孩子
在一所学校、一个营地、一片细菌传播范围。我们相似的处境带
来了一定程度的信任和坦率。

　　这种在线的、网络化的导航工具，需要一定程度的访问、谨
慎和批判性思维。我不会接受每个人的建议，也不会过多地分享
自己孩子的信息。然而，我将把这些群组作为我社交库的一部
分，在这里我可以得到我需要的本地化建议，但这里不会是我寻
求专业意见的地方。在我的社区中，很少有人在国家机构工作，
也没有人做的工作类型与我相似。如果需要专业的指导，我会求
助于我地理分布更广的人脉网络——同事、熟人和前同事，他们
主要居住在美国的大城市。

　　总的来说，这些人构成了我的人生导航网络。其中，一些导

航员是我的救生索，包括一些长期为我提供专业建议和个人建议的导师。还有一些导航员是同事，他们同时也是我的朋友，我们同样是为人父母的伙伴；他们可以在我关于工作和孩子相关的困境中，为我提供有价值的见解和安慰。还有一种是"一次性导航员"，我会因为一些特殊的原因去寻找这种人——可能是为了解决有关健康、法律或者财务的问题，也可能是为了寻求有关的专业需求和机会信息。

在未来快速变化的世界中，我预测，最重要的导航员将是同龄人或年龄接近的人。虽然跨辈的救生索仍然有巨大的价值，但人们更需要那些正处在相似境况（也许只领先你一两步）的人的支持。此外，找到导航员并与其进行虚拟的、远距离的联系将变得愈发重要。

导航员与"寻路"的艺术

没有什么比遇到一个真正理解你的人更能带来力量了。这会点燃一种源于真实联结的速发性能量，能够引起社交和情感的共鸣。在一生中，我们需要能理解我们的人，因为他们懂得我们的想法。这些导航员和我们走过一样的路，能够以我们熟悉的方式引导我们。

随着世界的转动和变化，这种类型的导航员将越来越难以找到。这是因为很多道路都将是从未有过的。在未来，我们可能会看到导航员的角色发生变化。未来的导航员可能会需要更多地关注"寻路"的艺术，而不是提供如何成功的蓝图。

作为一个土生土长的夏威夷人，我一直很好奇一群波利尼西亚的旅者是如何离开大溪地，并在没有指南针、地图和GPS的情况下，在大海中找到包括夏威夷在内的岛屿的。虽然没有那些现成的指引工具，但他们学会了如何寻路，这种探索需要通过观察、直觉、星星和其他自然界迹象来判断该去向何方。

在明天的世界里，今天的孩子们将一起导航，寻找一种长寿且舒适的人生。

数字导航员的崛起

今天的孩子们成长在数字助理的时代。Alexa和Siri可以为他们指路、解答、讲笑话，还会就一些健康症状是否需要去看医生提供指导。除了这些流行的家用数字助理之外，市面上还有很多其他的助理正在进入市场：有追踪我们的生命体征并提出饮食调整方案和锻炼建议的手机应用；还有可以提醒我们做某些事的行为提示程序，比如提醒我们记得申请大学，然后申请助学金，或者通过预先设定好的冥想和正念练习，检查我们的身体和呼吸。

数字导航员将变得越来越普遍。有一些非常贴心的混合模式，将低成本花费、功能强大的科技，与仍然必不可少的人际互动相融合。我最喜欢的一个是我的同事杰米-亚历克西斯·福勒创建的Empower Work。

在创立Empower Work之前，杰米-亚历克西斯和她的团队采访了美国各地的数百人，了解他们在面对困难或尴尬的工作情况时会向谁求助。他们想知道的是：人们在这些关键时刻需要什么？他们发现，社交资本较低的人（拥有较少的救生索、开门人和导航员的人群）几乎没有地方可以求助。

他们相信，在充满挑战和困惑的时候，每个人都应该得到免费的和高质量的支持与建议，因此他们创建了一个通过短信或网络聊天操作的数字平台。如果人们需要工作建议（例如，"我认为我的老板对我不公平，我该怎么办？""今天在工作中发生了一些事情，你能告诉我这是否是骚扰吗？"），他们会发短信或发送在线信息给Empower Work中那些训练有素的志愿者。在那里，志愿者们按照各种提示和问题的协议，就如何处理这种情况以及下一步该怎么做提供实时的虚拟指导。在这种情况下，科技和数字平台推动了人与人之间的导航互动。

同时，技术导航（例如，如何申请某个项目？该去哪里找工作？）正在越来越多地由幕后的人工智能技术（主要是聊天机器人）来处理。随着人工智能不断成熟，面向年轻人的机器导航员将被用于目前只有人类才能使用的领域。同样的技术也可以帮助医生将一系列复杂的症状与实证研究进行对比，从而得出可能的诊断结果。也许有一天，这项技术还可以根据个人背景和兴趣，为年轻人提供合适的奖学金机会。

> ### 可以找到导航员的地方
>
> - 在家和附近的地方
> - 课外活动，包括社团、体育和其他活动
> - 提供实时指导、辅导和督促的在线平台
> - 咨询和建议服务（同时来自人工客服和机器人客服）
> - 导师和实习计划

人际联结是一种人生货币

在《行为》（*Behave*）一书中，神经生物学家和灵长类动物学家罗伯特·萨波尔斯基（Robert Sapolsky）描述了年轻人在生物学

上有一种"疯狂的归属需求"。虽然社交网络是我们所有人的联结组织，但在设计上，它们对年轻人尤其重要。[19]年轻人的生存状态和社会地位取决于他们认识谁，他们认识的这些人又认识谁。而其身份和意义却是由年轻人的从属关系来定义的。社交网络的从属关系可以是结构化的，包括社区、团体、政党和各种组织；也可以是非结构化的，包括我们的朋友是谁、我们是哪些音乐家的粉丝，或者我们和谁是校友。

我们的社交网络是我们寻求建议、引荐、新的经济机会，甚至更多联结的途径。我们的社交网络告诉我们，什么是正常的、可接受的，我们应该期待什么，什么是我们力所能及的。一般来说，一个人的人脉越广，他的机会就越多。并且关系网中的地位越高，机会价值就越大，这些机会又是频繁而大量的。

我们的救生索、开门人和导航员网络是有价值的。这种价值被称为社交资本或社交价值。大量研究表明，朋友、家人和同事都是我们找到下一个最好机会的途径。有些人出生在拥有高价值社交网络的家庭，这些年轻人从一开始就享有社交财富，这就像一出生就建立了社交信托基金。在美国，享有声望的社交关系，让人更容易获得高需求的项目、精英大学、有竞争力的实习和工作机会的入场券。由于美国历史上的种族主义和排外行为，那些拥有最多社交财富的人往往是经济上富裕的白人。很显然，社交资本带来经济优势，而缺乏社交资本则会使美国的不平等现象长期存在。

让我们想想美国常春藤联盟的"传承性录取"，即如果一个高中毕业生的家庭成员是常春藤大学的校友和捐助者，那么他进入哈佛或耶鲁等大学的机会就会增加一倍以上。如果他被录取并毕业，常春藤盟校的学位就会给他带来更多的社交和经济红利，这就像真正的存款利息和金融红利一样，是一个声望地位和家族背景不断增长的良性循环。也可以说，这是现实版的"滑道和阶梯"（Chutes and Ladders）桌游：生活中那些拥有最多社交资本的人，经历了加速的经济流动——避开了下坡，却到达了每个阶梯。

在所拥有社交关系的价值光谱的另一端，是那些出生在社交资本非常少的家庭的人。他们和周围的人都在努力寻找并维持工作，每个人都需要更好的机会。对于这些孩子来说，几乎到处都是下坡。在美国，他们要想进入竞争激烈的项目或精英大学，获得炙手可热的实习和工作机会，这与其说是大胆的个人臆想，不如说是痴人说梦。

社交网络会产生经济收益。在美国，如果你生来就拥有一股有价值的股票，那么你无须付出任何代价就能获得收益。在美国的社会阶层体系中，一些人拥有大量的社交网络股票期权，并与了解规则的内部交易员有联系，而人数更多的另一些人，他们却从未有机会进入美国的社交华尔街。[⊖]

你认识谁

在《你认识谁：开启拓展学生关系网的创新》（*Who You Know: Unlocking Innovations that Expand Students' Networks*）一书中，朱莉娅·弗里兰·费舍尔（Julia Freeland Fisher）和她的丈夫、合著者丹尼尔·费舍尔（Daniel Fisher）认为，学习环境需要精心设计，以使年轻人能够建立社交网络，增加他们的社交资本。未来将是一个更加动荡、风险更大的世界。要在未来立足并持续向前发展，无疑与技能和个性有关，但能否利用社交网络也对此有着很大影响，因为社交网络中的这些人可以提供直接选择和晋升的机会。

年轻人学习的地方也是他们建立关系和促成新联结的平台。正如朱莉娅和丹尼尔所指出的，数字和在线工具以及平台的发展

⊖ 要想了解更多年轻人的社交网络与种族和经济背景之间的联系，我建议查阅拉杰·切蒂（Raj Chetty）、罗伯特·帕特南（Robert Putnam）和理查德·里夫斯（Richard Reeves）的相关研究。

进一步扩大了学习生态系统，使年轻人能够在一个社会空间里，通过线下和线上的方式相互联结。

我们需要将线上虚拟、线下面对面的学习环境视为社交市场。一旦认识到这一点，我们就可以做出规划，让年轻人与来自不同网络和社区的人建立联结，建立和培养长期的关系，以便在未来为他们提供社交支持和通往机会的必要桥梁。成熟的社交资本建设空间，包括导师指导和实习项目、职业发展项目、艺术和体育，以及其他学校和社区合作的项目。[20]

这项工作需要我们充分理解社交圈层、文化和线索的作用。要做到这一点，年轻人需要能够在各种社交环境和场合中"游走"和"翻译"。我们可以通过教他们如何在新的、不同的社交环境中行事，来支持那些需要更多社交资本的年轻人。

正如哈佛大学教育研究生院教授安东尼·亚伯拉罕·杰克（Anthony Abraham Jack）在《纽约时报杂志》（*New York Times Magazine*）上发表的一篇有影响力的评论文章中所描述的那样，在阿默斯特学院，来自低收入家庭的学生在很多方面都举步维艰。除了经济上的不足，杰克还面临着持续的文化和社会障碍。例如，他回忆说，他不知道与教授"喝咖啡"意味着什么——谁付钱？为什么要这样做？怎么做？[21]

许多冒险进入与自己成长环境不同的社交圈层和文化圈层的人，都有着类似的故事。可见，年轻人扩建自己的社交词汇和文化工具箱，是建立社交资本的另一个组成部分。要想成为自己未来的推动者，年轻人需要维持长期的社交网络和人际关系，需要催化联结，并掌握能够跨越环境、阶层和文化的交流工具。

最终，人际关系可能会成为年轻人在成年后可以拥有和使用的最有价值的人生货币。他们首先自身要强大，努力提升证书、能力和金钱的价值。今天的孩子们可能需要一个大学文凭来获得工作资格，但一群好朋友会让他们的经历变得丰富而有价值。一个受人尊敬和认可的专业机构的学位证书可以让他们的简历脱颖而出。金钱可以用来买东西，但当它被用来购买会员资格时，它可以提升地位，扩大感知价值，并成为获得未来机会的渠道。能力是完成工作的关键，但拥有良好的声誉是获得晋升的方法。

在年轻人生活所需的机会交易中，社交资本是一个经常被低估但又极其重要的部分。

CHAPTER FIVE

第五章 资格证书

资格证书：某人拥有的文凭、学位和证书。

在成长过程中，我所知道的获取资格证书的途径就两条：要么，你高中毕业后立刻上大学；要么，你高中毕业后工作几年，然后在当地社区学院参加夜校课程。其他的认证虽然也有，但我不认为它们是"正统"的——其中包括诸如职业执照、军队中某种工作的培训、学徒经历或其他特定工作的证书或背书等。

多年来，教育的"北极星"一直是学生高中毕业然后进入四年制大学并取得学位。长久以来，我们中的许多人都觉得：学校越好，名气越大，前途就越光明。

在美国富裕的社区，高中毕业后去上大学是很多年轻人现实中的选择。直接去工作或入伍的年轻人被视为反常，往往会被朋友和家人怀疑出了什么问题——他们是不够成熟吗？家里出了什么事吗？是不是不适应大学环境？

对于美国最富有的人来说，不上大学是一种选择。

对于那些在贫困环境中长大的年轻人来说，大学是他们的目标，但并不总是一种选择。

当我在圣路易斯经营一所学校时，学生们经常告诉我，他们认识的一些人曾经在当地高中表现优异，结果去了很远的地方上大学，然而学期中回来时，羞愧不堪，债务累累。发生这种情况的原因有很多，有些是经济层面的，有些是文化层面的，这些都可以理解。很多时候，这些年轻人在上大学时，缺乏能够支持他们完成学业所必需的资源、支持和准备。

我和我丈夫在我们的侄子身上体会到了这一点。他在艺术方面极具天赋。高中时，他上的是一所磁石学校（一种公立学校，有着特别的课程设计与教学方式，从而吸引各种背景的学生，希望有助于各种族间的融合），他在班级中担任班长，并以优异的成绩毕业。高中毕业后，他收拾好行囊，前往芝加哥的艺术学校上大学。然后，大学里的各种隐形花费向他袭来——包括与朋友聚餐等意外开支，购买服装和各种用品的费用，以及房租。一年后，他回来了。

教育工作者现在正从每个学生都应该努力获得四年制大学学位的流行立场上向后退。现在，许多人已经看到了把一个没有准备好的学生送上成人旅途所可能付出的代价，就像我的侄子一样，他在没有旅途所需资源的情况下，盲目地追随"北极星"。另一方面，也有一些人读完了大学，完成了学业，获得了学位，但却找不到一份好工作，这让他们怀疑这一切是否真的值得。

大学学位还值得吗？

如果我们要重新考虑"北极星"的价值，就必须考虑美国学历认证市场上正在发生的巨大变化，并与大学学位是否值得投资的证据相对照。

时至今日，获得传统的高等教育学位，哪怕只是获得认证学校的大专或学士学位，仍然可以提升你找到好工作的机会，也可以提供生活保障、家庭稳定和经济独立。

截至2020年，美国有超过一半的工作都需要大学或大学以上学历，[1]大多数新工作都流向了那些已经拥有高等教育文凭的人。虽然获取文凭的过程可能会在短期内导致个人债务，但它往往会随着时间的推移而得到回报。[⊖] 2019年，"大学工资溢价"（college wage premium）调查显示，美国拥有学士学位的工人平均年收入约7.8万美元，而没有大专及以上学历的工人平均年收入约4.5万美元。[2]从长远来看，传统的大学学位可能不是必要的，但某种类型的高等教育证书似乎是必要的。

这些高等教育文凭带来的好处未来是否会发生改变，还有待观察。虽然现在的大多数工作都是给有文凭的人准备的，但每天也会有新的、不需要学位的工作出现。然而，其中许多工作大都是临时工或低薪工作。另一方面，包括我自己在内的一些雇主正在从招聘启事中删除学位要求，取而代之的是反映该职位的能力要求。

年轻人可能在没有证书的情况下取得成功，但这确实是一种冒险，还需要能力、关系和现金等大量其他人生货币来弥补它的不足。对于年轻人来说，与其因为成本问题或其他障碍而放弃获取这种人生货币，他们更应该了解在证书之外还有哪些其他的选择，然后设定现实的预期，找到适合他们的方法。

⊖ 乔治敦大学（The Georgetown University）教育和劳动力中心（Center on Education and the Workforce）是一个很好的资源平台，可以了解更多关于高等教育证书所带来的经济和社会效益。

文凭

在进入高等教育认证市场之前，年轻人必须获得高中文凭或普通同等学历证书（GED）。许多年轻人将这第一份证书视为通往美好生活的黄金入场券。然而，它并不总是一个可靠的衡量标准，让我们可以就此判断年轻人是否已经准备好面对高中毕业后的生活。文凭通常是完成证书，代表了完成的课程、花费的学时和"达到一定学术标准"。但它并不能说明学生就此掌握了上大学或工作所需的全部知识、技能和经验。从证书的角度来说，高中文凭的含金量可谓见仁见智。

2007年，我为那些与其他公立高中脱节的年轻人[○]创办了一所学校。招收第一个班级时，我们注意到学生的成绩单和他们的学业表现之间存在很大差距。我们的学生来自15所以上的地区高中，他们都是正式的10~12年级的学生。随着对他们的了解，我们发现大多数学生的表现比他们的成绩单上所写的要差很多级。太多的人甚至缺乏基本的知识和技能。

○ 今天，这些年轻人通常被称为机会青年。在新冠肺炎疫情之前，与学校和工作脱节的年轻人数量一直在下降，但在新冠病毒流行的头六个月，这一数字增加了一倍多。这是一个戏剧性的提醒，提醒我们有多少年轻人容易受到生活状况的影响，这些生活状况会把他们从他们需要的学习和工作机会中挤开或拖离。

低档成绩单（C、D）、中途辍学和只拥有部分学分的混乱组合，使他们在学术上没有准备好的情况下，被迫走上了毕业之路。为此，我们很震惊。我们创办特许学校就是因为我们知道这些学生因为生活原因被迫离开了学校。可万万没有想到的是，他们中还有许多人是因为美国的政策原因而被迫离开了学校。[⊖]

机会神话

2018年，美国全国性的教育非营利组织TNTP发布了《机会神话：学生可以告诉我们学校是如何让他们失望的，以及如何解决这个问题》（*The Opportunity Myth：What Students Can Show Us about How School Is Letting Them Down — and How to Fix It*）。这份报告重点关注那些在美国上了高中并获得高中毕业证书的学生的情况。报告显示，几乎一半的毕业生获得了高中文凭，但仍然不得不参加大学补习课程[⊜]。对许多人来说，这些不计学分的课程只

⊖ 这种情况在未来几年可能会变得更糟。由于新冠肺炎疫情导致学校关闭，美国的许多学区通过了让学生立刻毕业或让他们直接升入下一个年级的政策，而只要求他们完成最低的学业要求。虽然这在短期内可能会提高学生的参与度和士气，但从长远来看，这可能会导致年轻人在进入成年时，尽管有看起来合格的成绩单和高中毕业证书，但却并没有掌握关键的知识和技能。

⊜ 大学补习课程或预备课程，指基于学生的ACT或SAT成绩，为那些在阅读、写作、数学等方面素养不足的学生提供帮助的课程。——译者注

会花掉更多的钱，却对获取学位没有丝毫帮助。最终，参加这些补习课程的学生反而更有可能从大学辍学。

TNTP 认为，数以百万计的学生在学校里，按规定的要求完成学业，毕业后却仍然在继续挣扎，这就是我们所说的"机会神话"。我采访过很多高中的教师和管理人员，他们都同意这种说法。这些教育工作者知道，他们所教的一些学术标准在现实生活中比其他标准更切合实际，而分数并不总是衡量学习的准确标杆。教师们坦言，即使他们认为自己所处的部门、地区或州政府的要求已经过时或有缺陷，但他们也必须按要求做事。一些人告诉我，他们曾考虑过离开这个行业，因为他们总觉得自己没有足够的自由去以他们知道的、学生需要的方式来培养学生。

让文凭发挥作用

希望还是有的。美国各地的一些学校和学区正在充当先锋，打破"机会神话"，修改毕业要求。他们致力于为毕业生颁发更"现代化"的高中文凭，使之与其高中毕业后的生活准备更为相关。

这些地方有不少是在弗吉尼亚州。

早在2014年，想要获得弗吉尼亚州的高中文凭，意味着学生必须完成规定的课程，需要达到一长串的内容标准，并参加32次标准化测试。弗吉尼亚州对高学术标准和测试的重视，无意中导致了一种注重完成和服从的文化，而忽视了学生的能力和准备。

后来，州长特里·麦考利夫（Terry McAuliffe）任命史蒂夫·斯台普斯（Steve Staples）为州督学。斯台普斯希望看到，弗吉尼亚州的高中文凭成为雇主、学院和大学看重的证书。在他的任期内，斯台普斯参与了各个层次的教育，以改进弗吉尼亚州的毕业要求。最后，该州采纳了一份弗吉尼亚大学毕业生的简介作为毕业要求。这份简介重新审视了毕业后生活所需的内容知识和标准，确保了相关性，然后扩展了毕业要求的范围，将学生在如今快速变化的世界中所需的基本经验和技能都囊括在内。

2018年，这些新的州毕业要求开始实施，新生在这种情况下开始了高中生活。现在，他们的高中经历包括课程、基于工作的学习、服务性学习[⊖]，以及五项能力的发展。弗吉尼亚州雇主和高等教育领导者认为，五项能力（批判性思维、协作、公民意识、创造性思维和沟通）对未来的成功至关重要。有了州的要求，弗

⊖ 服务性学习（Service-Learning，简称 SL），是美国 20 世纪 80 年代中后期兴起的教育理念和教育实践方法，它将学业学习和社区服务有机结合在一起。——译者注

吉尼亚州的学区开始自己努力，根据社区背景和学生需求定制毕业要求：

- 在弗吉尼亚州蓝岭（Blueridge）的一个小城市塞勒姆（Salem），督学艾伦·塞伯特（Alan Seibert）和他的团队决定，学生毕业时需要有"文凭和计划"；他们利用州政策的变化，为学生提供更为个性化的教育机会，并重点关注能力的实现和职业道路的健全发展。

- 在里士满（Richmond）郊外的一个居住着大量工人和农民的社区——坎伯兰（Cumberland），督学艾米·格里芬（Amy Griffin）与社区领导人合作，建立了当地的坎伯兰大学毕业生档案，其中包括一个"激情项目"，让高二和高三的学生将课程作业、五项能力的发展和社区服务联系起来。

- 一个靠近诺福克（Norfolk）的城市——汉普顿（Hampton），其学区在督学杰夫·史密斯（Jeff Smith）的领导下，推出了16所职业学院与40多个当地高需求的职业途径相衔接；他们以本州实际情况为指导，设计高中学习经历时将知识传递和职业发展相平衡。

塞勒姆的督学曾这样向我解释文凭"现代化"的重要性："在20世纪90年代，当弗吉尼亚州的标准化评估建立时，关节镜手术[○]还没有被广泛使用。而今天，我们知道它是有效的，对病人来说是最好的。如果外科医生和诊断师都在使用新的工具，那么为什么我们还在使用20世纪90年代残留下来的旧的教育工具？"

实现高中文凭现代化的五种途径（适用于教育工作者）

- 向你所在学区的行政部门和理事会请愿，要求他们减少不必要的标准化考试要求，鼓励他们更新毕业要求，使其更好地反映高等教育和劳动力市场的需求。

- 倡导（或帮助制订）学区政策，要求学区定期审查和修订毕业要求。随着中学毕业后教育和工作发生的变化，毕业要求也应随之变化。

- 邀请高等教育领导和企业雇主参与讨论对毕业生的要求；邀请他们对毕业要求的修订做出贡献。他们比大多数人更清楚年轻人高中毕业后需要什么。

- 如果你还没有这么做，现在就考虑采用基于能力或表现

○ 关节镜手术是将具有照明装置的透镜金属管通过很小的切口插入关节腔内，并在监视器上将关节腔的内部结构放大，观察关节腔内的病变情况及部位，同时在电视监视下进行全面检查和清理病损部位。关节镜手术是一种微创手术，同时具有诊断和治疗两种功能。——译者注

的文凭。第一步，确保你所在的地区已经取消了落后的学时要求；第二步，修改课程和学分要求，把重点放在学生的能力培养上，让他们能够在准备就绪之后再继续前进。

- 确保毕业要求包含使年轻人熟悉高等教育世界的准备。这可以包括基于工作的学习、生涯规划和服务性学习。

美国学历认证市场

2016年，我在美国指导了一项全国性的"联合证书"活动，该活动将美国各地大专以上学历认证的颁发者聚集在一起，旨在使证书颁发市场更有组织性、更公平、更包容。这一活动的初衷是为了应对高等教育界的巨大变化。随着认证机会的数量激增，资格认证"市场"也越来越混乱，让人难以驾驭。作为直接进入大学并完成学业的备选方案，你可能忽然会考虑一些包含技术词的新选择，如"微证书"和"纳米学位"、徽章、训练营和各种网络公开课等。

两年后，我们活动的共同赞助商之一"证书引擎"（Credentialing Engine）发布了一份报告，称美国有超过30万种不同的证书。仅仅一年后，这个数字就翻了一番，2019年的统计数字约为75万。[3] 如果说跟踪和了解这个不断增长的高等教育的备选市场是一项艰巨的任务，那么从中筛选并找出哪些证书是最好的则难上加难。

在明天的世界，这些证书数量将持续上升，而认证的类型也将不断变化。经济波动意味着总有一些成年人在寻找新的或更好的工作，他们需要升级或验证自己的知识和技能，以便参与竞争。这种需求会将更多的认证"供应商"和不同的证书引入市场，使认证市场更加庞大和复杂。

越来越多的人觉得，上大学或攻读高等教育文凭就像在让人眼花缭乱的亚马逊（Amazon）上购物，你必须搜索自己想要的东西，通过比较价格、阅读评论来判断它是否划算，并知道哪些型号和功能值得你的资金投入。

成为证书消费者

今天的孩子们必须明白，他们是认证市场的消费者。建立这种认知将不仅是上大学需要做好的准备，也是考取各种证书需要做好的准备。他们需要意识到，自己正在购买高等教育产品，这将需要明智的消费行为。年轻人需要分辨优秀的认证机构和糟糕的认证机构；他们需要工具来帮助他们弄清楚认证的成本是否值得。在这个市场上，营利性的供应商和组织将提供几乎与大学一样多的选择。有一天，这些"非传统的"供应商可能会主导教育市场。

美国资格认证市场——证书类型[4]

	专科学院&大学	网络公开课	非学术性组织	高中
提供证书数量	370020	7132	315067	46209
证书类型	• 学位证书和学历证书	• 微证书 • 外国大学学位证书 • 课程结业证书（例如，EdX或Coursera）	• 职业执照 • 从业资格证 • 军事认证 • 注册和未注册的学徒 • 编程训练营完成证书 • 在线课程完成证书 • 数字徽章	• 文凭

假设你想买一本书，你可以去亚马逊，那里有数百万本书可供选择。亚马逊会自动在你的屏幕上显示你的搜索历史和购买记录以及你的购买偏好。从那里，你只需要点击几下，花几分钟时间就可以找到你想要的。你可以通过自己倾向阅读的风格（精装、纸质、Kindle）、类型、作者、价格、甚至好评率，来筛选搜

索结果。你甚至可以设置一个电子邮件通知，来提醒自己喜欢的作者何时出版新作。

而美国的学历认证市场还没有这种类型的人工智能。年轻人很难找到并选出最好的证书。他们需要依靠自己的智慧，从成千上万个可选项中做出正确的决定。

选择证书前要问自己的五个问题

以下是年轻人在决定"证书消费"之前应该问自己的五个问题：

1. 我真的需要这个证书吗？
2. 这个证书有什么用？
3. 这个证书的有效期是多久？
4. 这个证书与其他类似的证书相比如何？
5. 我负担得起这个证书吗？

我真的需要这个证书吗？

年轻人需要成为有鉴别力的证书消费者。考虑到自己的时间和资源、自身的情况、喜好、兴趣和目标，他们选择的证书必须是有意义的。一些证书的获取需要几周时间，而另一些需要很多年。其中，一些课程提供者允许你根据自己的需要安排课程开始和结束的时间，而另一些课程则要求你一次性完成。资格证书涵盖了数百个不同的主题和行业。年轻人在校园、办公楼、社区或家里都可以获取。获取资格证书的整个过程可以在线下完成，也可以在线上完成，或者两种方式兼而有之。当疫情迫使大学进行紧急远程学习时，一切都转移到了线上——而且一些项目未来将保持这种方式。

年轻人在进入市场之前，需要了解自己的偏好和原则。正如我的朋友兼同事Lumina基金会战略总监安布尔·加里森·邓肯（Amber Garrison Duncan）解释的那样：在学历认证市场上消费是为了让年轻人有能力迈出他们所需要的"第一步"或"下一步"，并不意味着它就是他们人生中唯一的职业选择。

证书本身不是目的，它们只是未来机会的促成者。

静态、跳板和终身的工作机会

在JFF工作时，我的同事萨拉·兰巴克（Sara Lamback）与Burning Glass技术公司合作，调查了美国工人如何获得中等技能的工作机会，他们需要高中以上文凭的教育或培训，才能获得维持生活水准的或更高的工资。她和Burning Glass团队分析了超过400万份简历，发现了三种不同类型的中等技能工作：其一是终身工作，这是他们自己的职业（例如牙科保健员）；其二是通往职业生涯更高一阶过程中的跳板工作（例如先成为一名出纳员，再成为一名会计师）；其三是静态工作，这些工作不会带来职业发展，不太稳定，薪水也比较低（例如机器操作员）。

根据安布尔的观点，证书应该被看作是职业选择的"第一步"或"下一步"，我们可以用这个框架来评估各种证书和它们可能带来的未来经济收益。当年轻人在决定一个证书是否值得时，可以问问自己：这个证书是否会给他们带来所需的静态、跳板或终身的工作机会。

- **这个证书能给我带来静态工作机会吗？**

  这类证书可能是入门级的结业证书，使年轻人有资格获得一份只能维持基本生活的工作。它可能是为一家演出公司开车的驾驶证，或是成为医疗助理的培训证书。这些证书不会带来职业发展的机会，但可以在年轻人追求另一个经济机会的同时，带来有益的就业和收入。

- **这个证书能给我提供工作机会的跳板吗？**

  这类证书可以帮助人们在他们想要长期从事的职业领

域找到初级工作。一个常见的跳板证书是CompTIA[⊖]A+证书，通常由当地社区大学提供。拥有A+证书的员工可以胜任IT行业的初级职位，也为以后获得更高级的证书做好了准备。跳板资格认证机会应该是高度"可堆叠"的——这是一个证书术语，意思是一个证书与另一个相关联，资格认证就像积木一样可以堆积起来，以帮助他们获得更好的工作和薪水。

- 这个证书能给我带来终身的工作机会吗？

　　这类证书能让年轻人走上一条职业道路——一条可以提供一定程度上的稳定工作和稳定收入的道路。这类证书历来都是在大学校园里颁发的，但越来越多的非学术机构也提供这类证书。其中包括一些注册的学徒工，例如牙科保健师、焊工或机械师的证书。

⊖　美国计算机行业协会（Computing Technology Industry Association，简称 CompTIA）是在全球信息与通信技术（Information and Communication Technology，简称 ICT）领域最具影响力的、最大的、全球领先的行业协会，自1982 年成立之日起，一直致力于通过各种标准、专业能力、教育和商业解决方案，促进信息与通信技术产业及相关从业人员的发展。——译者注

在考虑证书的选择时，要提防"死胡同"证书！这类证书所带来的工作，很有可能无法维持生计，甚至会因为行业崩解、自动化发展或环境和经济等其他方面的强力影响，而导致岗位消失。年轻人有可能会一门心思地追求某个学位或某项未来的工作，就像他们做其他事情时一样。如果这恰好与一个"死胡同"证书有关，那么就要仔细审视它的意义以及可能带来的风险。另一个对于"死胡同"的担忧，主要是针对那些在美国没有合法身份的年轻人。如果他们的身份不符合美国的全国委员会或其他认证机构所颁发证书的要求，那么这些证书可能就不值得考虑。

决定申请哪一种证书的其中一个方法，是通过访问美国劳工部的O-NET数据库查看当地的劳动力市场数据。

无论年轻人打算住在哪里，都要寻找高增长、高需求的行业和职业，然后查看这些相关职位的平均收入。这绝对有助于避免选择那些"死胡同"证书。高增长和高需求的工作随着当地环境和经济的变化而变化，所以要确保你的搜索结果是最新的。

在一场灾难之后，无论是自然灾害还是像疫情这样的灾难，当地的经济都会发生迅速而剧烈的变化。在这种情况下，政府很难及时更新劳动力市场数据。如果发生这种情况，请联系当地的企业雇主和劳动力发展机构，寻求他们的帮助。

这个证书有什么用？

当证书与其他货币（能力、关系和现金）联系在一起时，它会更有价值。作为一个消费者，年轻人应该弄清楚他们在追求证书的过程中会发展或提升哪些能力。这些能力会让他们在就业市场上更具竞争力吗？对他们的工作有帮助吗？如果年轻人需要寻找新的证书，这些能力会迁移到其他领域吗？

帮助年轻人弄清这一点的其中一个方法，是看一下课程目录或其他材料，这些材料对课程内容进行了细化，说明了学生可以学习什么、做什么。有一些资格证书，特别是职业执照和学徒资格，伴随着导师指导和最终的认证，会带来大量的在职经验和培训。

证书还可以通过品牌影响力和校友网络带来强大的联结。从消费者的角度来看，这就相当于奥利奥饼干和其他不知名的巧克力奶油夹心饼干在现实生活中的区别。企业雇主往往无意识地偏爱那些毕业于知名的精英学校（如哈佛大学）的年轻人，这里暗含了一种假设：这些员工更优秀、更聪明。

来自顶尖大学的证书承载着社交力量和学校从属关系的影响力。越来越多的非学术性认证提供者也是如此。例如，谷歌通过营利性的在线学习平台Coursera⊖提供IT支持专业证书。一个由大学和非营利组织组成的网络，为高等教育学习者提供了免费获得这个证书的途径。课程完成者从谷歌获得证书，而不是从合作的非营利组织或大学获得证书。尽管谷歌是一家营销公司而不是IT支持公司，但谷歌的品牌带来了自己的信誉水平和劳动力市场价值，这甚至比认证内容或学习体验的价值更具影响力。

最后，年轻人也要结合自身需要，考虑这份证书能带来怎样的经济支持和资源——是否有经济援助？是否有心理咨询？是否有职业咨询或就业安置服务？是否有实际的资源或相关力量帮助解决孩子看护、食物或住房等问题？这些事情一开始看似无关紧要，但最终会成为年轻人能否成功的关键。

这个证书的有效期是多久？

在一个需求和经济状况不断变化的世界里，今天的孩子们必须考虑他们的证书价值在劳动力市场上能有多长时间的有效期。他们是否认为这能让他们获得未来的工作机会或继续教育机会？或者，这个认证机会是否有可能将他们引向相反的方向，引向那

⊖ Coursera 是一家总部位于美国的大型开放式在线课程提供商，它与大学和其他组织合作，提供各种学科的在线课程、证书和学位。据估计，2021 年约有 150 所大学通过 Coursera 提供了 4000 多门课程。——译者注

些已经进入倒计时的工作或即将消失的工作？

　　作为一个经常出差的人，我在购买耐用行李箱这件事上，有着冒险一般的消费经历。我从最便宜、最容易找到的选项开始，但它很快就被磨坏了。我的下一个行李箱相较上一个稍微好一点，但是缺少一个可以放东西的隔层……几年时间里，我在不适合自己生活方式的劣质行李箱上累计花的钱，比我从一开始就投资一个可以"终身使用"的行李箱的花费要多得多。选择正确的证书与选择正确的行李箱有一些惊人的相似之处：

- 如果你能负担得起，而且随着时间的推移，你会得到回报，那么前期多花点钱也是值得的。
- 要获取自己真正需要的东西，寻找符合自身生活方式、需求和未来抱负的附加功能和特性。
- 寻找持久的质量和耐用性。
- 购买的东西应该首先符合现在的需求，其次尽可能符合未来的需求。

　　我的同事提出的关于静态、跳板或终身的工作机会的框架清楚地表明了，年轻人不需要投资一个与自己现在的需求或可预见的未来需求并不匹配的终身证书。但是他们应该考虑的是，他们的证书是否像一整套行李箱一样具有可堆叠性，是否可以随着时间的推移而积累价值，是否可以分期购买。

年轻人也可能在申请一个证书之后，才开始意识到它不适合自己。这种时候，是否有相关条款明确表明该证书可以转移或链接到其他证书就十分重要了。如果有这样的条款，就意味着你能够在转换机构的同时获得之前已经完成的学分。在学历认证市场消费时，提前考虑这种可能性也是十分有帮助的。

这个证书与其他类似的证书相比如何？

除了未来的就业前景，年轻人还应该享受他们的认证体验。这是一项严肃的投资，应该至少在未来几年内带来个人满足感。这意味着要找到一个提供高质量学习（无论是在线学习，还是面对面学习）的机会，以及与年轻人的期待和需求相匹配的文化和环境。

比方说，一个年轻人想在离家近的地方获取一个普通学位。他申请了四所当地的大学，令人惊讶的是，四所大学都录取了他。在做出最终决定之前，他需要对学习体验和环境进行评估和比较。

学习的质量

当年轻人有了选择的余地，他们应该先考虑自己想要和需要什么样的学习体验。然后，他们应该研究班级和课程设置、结构和讲师。进行基本的网络搜索，与招生顾问、在校学生和校友的对话交流，都是很好的方法。已经为人父母、有身体残疾或有健康问题的年轻人还应该了解这些情况：认证机构有哪些学习支持和便利？这些支持和便利好吗，容易获得吗？这些对成立时间不长的认证机构来说，尤其重要。通常情况下，这些机构很少有资格或被公开授权提供学习支持和服务。最后，有必要查看毕业证书数据以及校友的就业信息（如果可以的话）。总之，你所获取的高等教育证书应该是同时具备个人意义和经济价值的。

环境的类型

人际关系、氛围和文化，和学习体验的质量一样重要。如果年轻人觉得自己受到欢迎并且有归属感，他们就更有可能享受学习并完成认证。所以，文化回应和社区支持很重要。年轻人可以通过与经验丰富的认证供应商或特定的认证机构的人交谈，来了解自己的期望。这些对话可以揭示出当地生活的状态，以及是否适合年轻人的需求。如果年轻人的个人社交网络中没有人可以询问，也可以考虑联系在职工作人员或同学。

我负担得起这个证书吗？

年轻人必须问的最后一个问题是，他们是否有能力支付证书的费用，最终是否会得到回报。这既是一个财务决定，也是一个情感决定。在美国，每年都有学生选择各种认证，他们或他们的家庭为此负债累累，甚至有些人从此再也无力偿还。为了应对这些债务，人们被迫改变了自己的生活方式，包括重新抵押房屋，或与抑郁症、焦虑症做长期斗争。为此，年轻人必须考虑前期成本，并将其与潜在收益进行权衡。

截至2020年，在美国获得高等教育证书的花费情况让人吃惊：

- 纽约联邦储备局报告称，学生贷款债务自2005年以来增加了四倍多。

- 学历是中产阶级最负担不起的。他们没有资格获得政府援助，但赚的钱又不足以支付证书的"标价"。[5]

- 美国高等教育政策研究所（IHEP）报告说，只有六所州立大学是工薪家庭和中产家庭可以负担得起的；他们还发现，经济援助很少涵盖非学费花销，如住房、食品、技术产品或教科书。

- 较新的证书（如纳米学位和微证书）可能带来的回报较小，因为许多企业雇主仍然不认可、不理解或不重视它们。[6]

在过去40年里，美国高等院校的学费价格上涨了1375%。以实际美元计算，1980年一名私立大学的大学生缴纳的学费大约比现在少10万美元。这些巨大的成本通常需要大量贷款。有工作的成年人将这些未来的债务偿还描述为"毁灭性的"，特别是在考虑到经济影响（如2008年的美国经济衰退和新冠肺炎疫情影响）以及包括医疗保健、住房、交通和家属护理在内的其他成本上升的背景下。[7]人们为了支付大学学费或还清大学学费的经济负担问题日益突出。

总的来说，证书可能很贵，有时真的很贵，获得一个证书可以带来更好的工作和薪酬，但也会带来财务困境。获得证书通常是一个高价值的成就，但只有在前期投入能够带来更多的个人满足感、专业成就和经济回报时，才会值得付出。

我和我的一位导师格雷格·达尔尼德尔（Greg Darnieder）讨论了这个问题。多年来，格雷格一直是美国大学入学和负担能力问题的领导者，他最开始是在芝加哥工作，后来成为当时的教育部部长阿恩·邓肯（Arne Duncan）的高级顾问。格雷格还领导了美国联邦奖学金免费申请（The Free Application for Federal Student Aid，简称为FAFSA）的简化工作，现在他在帮助美国各州和地区团队改善他们针对大学和职业的准备战略。

在格雷格看来，FAFSA和其他形式的财政援助只是减轻高等教育相关财务负担所需的更大的财务规划和借贷战略的一部分。FAFSA应该被置于一个全面的财务计划中，家庭可以用它来计算和调整短期与长期的开支和债务。

根据格雷格的经验，这种计划对所有家庭都很重要，因为证书的经济负担问题不会区别对待任何人。财力有限、资源有限的人可能因为诱惑或压力而选择一种他们负担不起的证书，尤其当这是他们所希望和梦想之事的时候。可以说，高等教育承载着情感的同时，也承载着经济压力。不幸的是，太多的人做出的选择都耗费了非常高的成本。

第六章　现金储备

现金：某人拥有的财务资源。

2019年对我们家来说是艰难的一年，我们遭遇了几次可怕的医疗问题。当12月到来的时候，我们已经准备好迎接新的一年和新的开始。我们下定决心要让2020年成为迄今为止最好的一年。但新冠肺炎疫情忽然暴发。

我们没有任何应对全球疫情的准备。在西雅图和新奥尔良等地成为疫情高风险区之前，我不停地出差，总在这些地方进进出出。到了3月，疫情成了一头比我们想象的更凶猛、更可怕的狮子。几周内，美国有数十万人患病，每15秒就有一人死亡，超过2000万成年人申请失业。还有很多人，比如我妈妈，她是代课老师，突然之间她发现自己跌入了经济炼狱中。她试图申请经济援助，但由于线上系统老旧、热线电话爆满，始终无法申请。

在美国，新冠肺炎疫情的头几周是典型的大幅度经济动荡。今天的年轻人成长在经济动荡中，并且他们的一生都将持续经历这些动荡。无论是因为疫情原因、股市动荡、气候变化、政治乱局，还是所有这些因素共同作用所引发的混乱，这种波动都将越来越激烈、越来越频繁。而且，正如新冠肺炎疫情让我们看到的那样，这种波动带来的干扰可能持续的时间比我们任何人想的或预计的都要长久得多。

在新冠肺炎疫情之前，美国的失业率处于历史低位，就业增长状况良好。权威人士称美国的经济正进入"红火"期，认为美国经济已经从华尔街引发的大萧条中完全复苏。但新冠肺炎疫情下，一切都变了。突然间，数以千万计的工作岗位被剥夺，工人被解雇。美国在阶级和种族方面的分裂变得愈加严重。

当美国的学校、学院关闭时，较富裕的年轻人（而且大多数是白人）和他们的家人撤退到家里（或度假屋），他们有充足的食物和方便的网络数字设备；他们能够在舒适的卧室和餐桌上继续学习和工作。而且许多年轻人的父母都受过良好的教育，这段时间在家里，他们的工作形式转为远程办公，工作之余还可以兼顾孩子的学习。

然而在美国经济鸿沟的另一边，约有2000万年轻人当即失去了获得免费餐和减价餐的机会。⊖超过10万人没有可以进行自我隔离的家庭环境[1]。这些年轻人无法在住所继续学习，相反，他们为了努力保持安全并完成学业，颠沛流离在汽车、拥挤的公寓或临时庇护所之间。

此外，在美国最富有和最贫穷的家庭之间，还有数百万人忽然陷入了财务困境。

这些资金紧张和情绪紧张的家庭不利于青少年集中精力开展丰富的学习，也不利于他们的身心健康发展。在危机中，教育切换为远程学习的方式，人们根本无法平等地学习。对于那些没有安全的住所、充足的食物、可靠的互联网或数字设备的人来说，学习速度变慢、停滞，甚至停止。一些较贫困社区的学校认为在这种条件下无法继续学习，干脆就停课了，他们让学生带着打印好的复习资料和未评分的繁重作业回到家中。

新冠肺炎疫情的最初几周，就已经凸显出了经济损失是如何导致学习损失的，而未来几年还将持续显露这些损失带来的真正

⊖　为了让你了解这大概有多少孩子，我可以告诉你，它大致相当于佛罗里达州的人口总数。

后果。数十年的研究表明，这种学习损失将导致长期的个人和社会经济损失。随着全球和经济动荡的持续，美国最贫困的家庭将陷入更深的贫困，其他家庭也将陷入财务危机。

在经济大萧条中长大

对于年龄较大的孩子和年轻人来说，由新冠肺炎疫情引发的经济衰退并不是第一次。当2008年美国经济"大萧条"来袭时，如今的高中毕业班学生当初都正在上幼儿园。我们一生中经历的主要经济危机已经贯穿了他们的K12教育经历，定义了他们的童年，也必将会影响他们向成年和职场的过渡。在这些年轻人从幼儿园进入学校时，他们中不少人的父母都失去了工作或挣扎于账单支付。现在，这些年轻人即将高中毕业，他们又担心找不到工作，赚不到足够的钱来维持生活。

正因为这些生活经历，如今的年轻人渴望经济上的安全和稳定。他们不太可能承担经济风险，在美国的巨大转变中，他们更看重财务稳定而不是财务增长。尽管他们满怀希望和忧虑，但他们将在一个不稳定、不安全的世界里，工作、养家。

建立经济萧条期的复原力和对现金的敏锐度

当谈到为明天的世界做好准备时，拥有能力、关系和证书是至关重要的。然而，现金是真正决定成败的人生货币。没有现金，年轻人积累其他人生货币的能力就会大大减弱。我们每个人都有责任去关心、谋划年轻人的财务稳定和健康。

既然我们关心年轻人的学习和未来，那我们就必须关心他们的财务健康，这离不开三个指导原则：

1. 我们必须支持并让年轻人在经济困难时继续学习。

2. 我们必须消除教育和娱乐机会中令人望而却步的费用障碍，使孩子们能够更轻松地享受娱乐，获得教育机会并提升水平。

3. 我们必须帮助年轻人获得他们所需的知识、技能和资源，使他们具有财务意识并做好财务准备。

得过且过的背后

生养孩子让人筋疲力尽，尤其在最初的几个月，感觉像生活在另一个世界。尽管婴儿带来了所有的快乐，但随之而来的是长期的睡眠不足和孩子日益增长的需求。在最初的日子里，人们被困在"睡觉、喂奶、换尿布、洗衣服"的婴儿圈内，除此之外，任何事情似乎都让人难以应付。

如果你曾经照顾过一个新生儿，你一定会明白这种感觉——需要休息和感到压力形成了一个致命的组合。

财务困境加上休息和压力的循环

当年轻人觉得他们只是在得过且过（特别是当他们和他们的家庭处于经济困境时），他们可能会陷入生存模式，这就开始了一个无休止的分心、压力和疲惫的反馈循环。[2]

- 我们需要休息，因为这是我们的大脑和身体在努力工作之后进行修复和恢复的时刻。睡眠和休息是解决问题和处理认知的重要部分。[3]多年的研究证明，为了更好地学习和工作，休息是不可或缺的。休息时，我们的大脑会整理接收到的信息，对其进行理解，并在清醒时解决我们面临的问题。[4]

- 同时，压力是我们的身体试图保护我们免受威胁的方式。当我们发现自己处于一个可怕的境地或面对挑战感到"紧张"时，我们的压力反应就会启动。有一种能量会发送到我们的胳膊和腿（以对抗或逃避威胁）以及大脑的冲动部

位（杏仁核）。这种额外的能量来自于从大脑的思考部位
（额叶）。

现金短缺和长期的财务困境，会让年轻人陷入长期的生存模
式。这让大脑的思考和执行功能变得更加困难。也就是说，它不
仅阻碍年轻人正常的学习和工作，也损害他们过上充实、健康生
活的能力。现金短缺不是穷人的专利。事实上，大多数美国家庭
每年都会经历严重的财务不稳定。而且只有很少一部分美国家庭
有足够的积蓄，来支持他们在收入大幅下降时期的生活。[5]

现金短缺限制了学习和工作

2013年，《科学》杂志发表了一篇名为《贫穷阻碍了认知功
能》（"Poverty Impedes Cognitive Function"）的文章。在报告中，
美国行为经济学家森德希尔·穆拉伊特丹（Sendhil Mullainathan）
和埃尔德·沙菲尔（Eldar Shafir）以及他们在牛津的同事阿南
迪·曼尼（Anandi Mani）声称，现金短缺会影响决策和认知表
现。研究人员发现，与那些富有的人相比，贫穷的人并不是更差
或更不聪明的决策者，相反，贫穷的行为或感觉贫穷会对决策能
力和认知能力产生负面影响。

这一点在一项关于印度南部泰米尔纳德邦的甘蔗农民的研究中得到了证实。种植甘蔗的农民的收入随着甘蔗的收成而波动。研究人员发现，当农民的收入较低时，他们在需要集中注意力和批判性思维的任务上表现得更差。

后来，森德希尔和埃尔德在《匮乏：为什么拥有太少意义深远》（*Scarcity: Why Having Too Little Means So Much*）一书中解释了这个结论，即贫穷或感觉贫穷是一种认知和情感上的负担。它占用我们的时间，占用并消耗我们的注意力和专注力，把有限的资源从学习和工作等其他事情上抽走。

基本上，贫穷或感觉贫穷会消耗我们的精神能量，使我们的注意力停留在得过且过上，而不是去学习新东西或解决问题。这也使我们变得目光短浅——眼前的需求使我们失去了看得更远和思考未来的能力。[6]这可能导致冒险行为和冲动的选择，因为这些都是出于立即要得到什么或做某事的急迫性和生理需求。

匮乏感，来自于在金钱、时间或其他资源方面的落后于人的感觉。如果不加以解决，情况会越来越糟，尤其是对年轻人来说。

从一开始就落后

在美国，出生在贫困家庭的孩子面临的不仅是经济匮乏的问

题，他们还面临着成功路上的系统性障碍。这些年轻人一开始就
落后于富裕的同龄人：他们的父母可能无法负担住在治安好的社
区的费用；他们可能无法进入高质量的幼儿园，也无法从丰富的
课外活动中获益。不是父母想剥夺他们的权利，而是父母自身的
经济状况使他们无法负担这些，甚至无法考虑如何使这些额外的
东西成为可能。

因此，许多来自低收入家庭的孩子从幼儿园开始，在学习和
语言技能方面就落后于人。他们可能还会经历发育迟缓。对这些
孩子来说，坐着不动、集中注意力、学习老师教的东西，可能更
为困难。如果他们还很疲惫、饥饿，或者生活条件恶劣、家庭关
系紧张、健康受损，情况就会更糟。

如果这些孩子恰巧进入了资源同样匮乏的学校（这种情况经
常发生），情况就会变得更糟。当学校遭遇现金短缺时，会出现人
满为患、设施不足或不安全的情况，甚至可能会遭遇师资短缺、
被迫削减课外活动，以及资源和供应不足。

复合式和集体式的匮乏

在我的学校里，我每天都能看到这种青年在环境中的匮乏现
象。有些聪明、有才华的孩子，他们在学业和发展方面却落后了

同龄人很多。这反映的不是我们看到了他们有什么能力和天赋，而是他们在成长过程中严重缺乏机会和资源。

如果不对他们和他们的家庭进行深入的干预和投资，这些在贫困中长大的年轻人成年后有可能会远远落后于较富裕的同龄人，甚至将永远无法赶上。不平等的机会将伴随他们的一生，而且常常会传给他们的子女。

在美国，没有哪个群体的年轻人比贫穷的有色人种更容易遭受这种集体性匮乏。历史上，黑人和棕色人种的家庭一直被隔绝在经济机会和资源之外。作为一个整体，土著年轻人经历了一些最极端的贫困、经济孤立和剥削。有色人种被排他性措施划出的界限排除在某些学校、工作和社区之外，他们甚至无法贷款创业或买房。几代人以来，这意味着许多黑人和棕色人种的孩子生活在资源严重不足的社区中，生活在经济困难的家庭中，生活在一个因他们落后太多而责备、惩罚他们的社会里。

克服学习和发展的经济障碍，需要我们的创造力，而不是认输或找借口。我们必须准备好帮助年轻人度过困难时期，并且也让他们为渡过难关做好准备。这需要善意和理解、坚实的支持和服务、知识和技能建设的结合。

如何支持生活艰难的孩子

虽然我们中很少有人能直接向有需要的孩子和家庭提供现金援助，但我们都可以采取一些措施，让经济困难的年轻人生活得更轻松，提高他们持续学习和发展的能力。当孩子们贫穷或感到贫穷时，他们很难进行学习和工作，因为他们的注意力被转移到了其他地方。正因为如此，我们能做的要么是满足年轻人未被满足的需求，要么是帮助年轻人重新集中他们的时间和精力：

- **减轻负担。** 许多高中生每晚花在家庭作业上的时间长达5个小时，如果他们是优等生或大学先修课程（AP）班的学生，这个时间会更多。对于年幼的孩子来说，课外活动、体育或其他活动可能会让他们的课程表超负荷。既要应付所有这些事情，又要在经济上挣扎，这让人疲惫不堪。为了减轻正在经历经济困难的年轻人的负担，我们可以灵活制订学习任务的截止日期和要求：降低数量要求，而不是质量要求；灵活地设定截止日期，或者把任务结合起来，这样就没有那么多项需要他们同时关注的事情了。现金短缺会使年轻人的认知负荷最大化，你一定不想再给他们增加不必要的负担。那就帮助年轻人完成他们的任务，加强他们的专注力和完成任务的能力。区分优先级、集中注意力和掌控事情的能力，是匮乏感的有效解毒剂。

- **把"马斯洛"放在"布鲁姆"之前。**当因新冠肺炎疫情关闭学校时，我在弗吉尼亚州的同事鼓励教育工作者把"马斯洛"（亚伯拉罕·马斯洛，美国著名社会心理学家，提出了马斯洛需求层次理论）放在"布鲁姆"（本杰明·布鲁姆，美国著名心理学家、教育家，提出了教育目标分类学理论）之前。这个想法是指，我们在期望年轻人从事需要认知能力的任务之前，需要先满足他们的基本需求。学校和非营利组织是社区的中心，能够提供从免费餐食到基本医疗保健、现金援助、心理健康支持和社区联系等一切服务。教育工作者可以在帮助孩子及其家庭的财务状况方面，做一些能发挥惊人力量的事情。圣路易斯的一所中学给学生提供了匹配的储蓄账户。学生每节省1美元，他们的账户里就会有额外的1美元用于长期储蓄。即使你不能做大事，也可以从小事做起。作为一名教师，我总是在书桌抽屉里为有需要的学生准备大量的食物和干净的校服。

- **升级"带宽"。**生活中我们都遇到过网络带宽的问题。大脑的运行有点类似于互联网连接。当有太多的事情争夺大脑的注意力时，一切都会变慢，有时还会"死机"。年轻人可以通过正念练习来提高认知和情感的"带宽"，这就像增加网络带宽一样。同时，我们要学习哪些事情可以被关闭、忽略或暂停，而这需要通过练习专注和集中注意力、找到休息和充电的时间、限制干扰与减少分心来实现。只有这样，才能帮助年轻人学会如何摆脱生存模式。

- **让家庭参与进来**[⊖]。经济困难很难只被家中的某一个人单独感受到，特别是对孩子来说。他们挣扎着过日子，因为他们的家庭也在挣扎着过日子——或许是父母一方失去了工作，或许是家里有人生病了，或许是出现了意外的开支。一个家庭的经济状况会加剧家庭成员的焦虑和压力，有时还会导致虐待或忽视儿童。虽然我们可能无法阻止或解决这些问题，但我们可以贴近这些家庭，这样我们才更容易知道发生了什么。对年轻人的经历、现实和个人背景有更清晰的了解，可以帮助我们弄清他们需要什么样的支持和服务。

⊖　我最喜欢的家庭参与专家是史蒂夫·康斯坦丁诺（Steve Constantino）。我是在史蒂夫领导弗吉尼亚州教育部时认识他的。史蒂夫的书《让每个家庭参与：五个简单原则》（*Engage Every Family: Five Simple Principles*）应该被放在每个教育者的书架上。

出人头地的机会

我的同事和她的妹妹莎拉（Sarah）在美国东北部的一个农村小镇长大。早些时候，当其他同龄孩子都会说话时，莎拉却不会开口讲话，家人担心莎拉出了什么问题，向老师和儿科医生提出了担忧。但没有人知道该怎么做。最终，莎拉被诊断为多动症（Attention Deficit Disorder，简称ADD）。这使她有资格获得个别化教育计划（Individualized Educational Plan， IEP）的资助，但即便如此，萨拉也没有得到所需要的全面支持。在学校里，莎拉的与众不同和破坏性足以被贴上行为问题的标签。对于如何对待像莎拉这样的孩子，她的老师也缺乏相应的学习资源和培训。这类孩子需要更多的个性化关注和支持。莎拉的妈妈非常想做点什么，于是在学校里做了一份兼职，至少这样她可以照看一下自己的女儿。

对莎拉来说，上私立学校和寻求治疗是不可能的选项。她的家庭经济拮据，很难去考虑私立学校或承担治疗的费用，特别是他们住在农村，也很难找到这种资源。因此，莎拉在一个无法提供她所需服务和支持的社区和学校中长大。她的家庭经济状况限制了可能提供给她的服务，在某些情况下，她甚至不知道有些什么服务。

后来，莎拉发现自己被误诊了，她实际上患有阿斯伯格综合征（Asperger Syndrome），一种自闭症谱系障碍。那些被视为不端正的行为可能是她对结构、秩序和常规的需要。她的学校资金短缺，师资匮乏，教学设备简陋，没有资源来满足她的需求。这些短缺累积的代价是巨大的。

如今，莎拉在努力寻找并保住一份工作。她仍然住在她的家乡，离经济中心至少有30分钟车程。前段时间，她在当地一家杂货店找到了一份工作，但只工作了不到一周的时间。

与此同时，硅谷和纽约的创新者们正在谈论像莎拉这样的神经发散型员工的价值，如今，有一些高薪工作很适合她。她观察世界、发现规律以及适应规则的方式独特而宝贵。如果有适当的照顾和支持，她可以在高薪职业中取得成功。

像高盛（Goldman Sachs）这样的公司现在开展了带薪培训项目，让像莎拉这样的神经分散型求职者有机会体验和接触到他们的公司。这些项目可以提供指导、技能培养和职业发展机会。[7]所有这些都让我想知道，如果莎拉在一个更富裕的家庭和资源更好的社区长大，她在成年早期阶段的工作、生活会是什么样子。她会不会在早期就得到正确的诊断，并在整个学校得到更充分的服务和支持？经济状况的改变，会不会带来完全不同的机会——比如定期的、高质量的治疗，以及能帮助她将来在高盛（Goldman Sachs）或微软（Microsoft）等公司谋得职位的支持？然而，莎拉和很多像她一样的人，却只能为了找到和保持低薪工作而挣扎。

莎拉的故事不是关于能力的故事，而是关于局限的故事。她生活中的成年人已经尽他们所能做到最好了，但这仍然不够。她的家庭和社区无法获得或提供优势和机会——专业课程、高质量和持续的治疗、社会和生活技能培训、支持性工作，而这些本可以为莎拉未来的成功奠定经济基础。

玻璃地板和天花板

在美国，获得良好教育和高薪工作的最佳途径是拥有富有的父母。富裕的家庭能为他们的孩子传递或购买机会。他们住在最好的公立学区；让自己的孩子参加精英体育或私教音乐课；他们能负担得起特殊服务或治疗；他们把孩子送到活动丰富的夏令营，并让他们参加其他课外活动。这些经济上的推动促使他们的孩子在未来获得基于成绩的奖学金以及最好的实习和工作机会。据我的同事、经济安全项目负责人泰勒·乔·伊森伯格（Taylor

Jo Isenberg）说："拥有可支出的收入会导致不同的生活结果。"

2017年，布鲁金斯学会（Brookings Institution）高级研究员理查德·里夫斯（Richard Reeves）证明了为什么会这样。在他的《梦想囤积者：美国中上层阶级如何将其他人抛在身后，为什么这是一个问题，以及如何应对》（*Dream Hoarders: How the American Upper Middle Class Is Leaving Everyone Else in the Dust, Why That Is a Problem, and What to Do About It*）一书中，他描述了这样一个美国：它以能够从贫穷走向富有的传说而自豪，但实际上却是通过一个让经济和社会阶层繁殖再生的、可靠的制度体系来运行的。这意味着，在美国，如果你生来贫穷，那么你很有可能一辈子都贫穷；如果你生来富有，你可能会保持财务安全。这种阶层复制，与天赋、行业、智力无关，它靠的是机会。

在美国，出人头地的最好方法就是生来就出人头地。正如理查德解释的那样，我们大多数人都熟悉"玻璃天花板"，它使人们（尤其是有色人种和女性）无法获得高薪工作和领导职位。但对于那些出生在富裕和资源丰富的家庭的人来说，这个天花板却是一个不太为人所知的"玻璃地板"。

"玻璃地板"看起来就像是——家庭在用他们的经济手段来确保自己的孩子在富裕地区长大、上最好的学校，并找到有利的实习机会；每当有钱人家的孩子陷入经济困境时，就会有人在事情变得困难之前出手相助，就像有"玻璃地板"在起作用。[⊖]

要知道，在美国，聪明、毅力和才能只能让你走出你目所能及的距离，而你真正需要的是让你负担得起合适的资源和机会的途径和能力。这对一些人来说非常容易，但对另一些人来说几乎不可能。

免费教育的成本

我的朋友克里斯·琼斯（Chris Jones）是弗吉尼亚州的一位高中校长，当我和他谈论现金和机会的问题时，他提出了免费公共教育中所存在的隐性成本。我被他列出的开销清单震惊了，回家就查了一下。

结果，克里斯是对的。每年，社区学校与亨廷顿银行合作，计算家庭在学校用品和相关费用上的支出。以下是2019年孩子在公立学校上学的家庭在其身上的支出估算：

⊖ 我信任的一些研究人员有杰森·珀内尔（Jason Purnell）、马克·兰克（Mark Rank）、拉杰·切蒂（Raj Chetty）、理查德·里夫斯（Richard Reeves）和罗伯特·帕特南（Robert Putnam），他们研究的是贫困与机遇的交集。

- 每个小学生1017美元

- 每个初中生1277美元

- 每个高中生1668美元[8]

如果我和我的四个兄弟姐妹现在还在上学，我的父母每年就得支付8000美元左右的费用。更不用说任何额外的运动和活动费用了。今天，一个生活在贫困线或贫困线以下的四口之家至少要花费年收入的三分之一用于孩子在公立学校的开支。⊖

不幸的是，很多家庭在基本的生活成本之外连1000美元都掏不出来，更别说近10000美元的学校费用了。再想想孩子在体育、活动、度假或私立学校教育的额外费用，有时觉得就像是天文数字。[9]对于贫穷中长大的孩子来说，多数家人都在期待他们长大后可以将"空闲时间"用于兼职或暑期工作以帮助支付家庭开支。在这种情况下，他们自然没有足够的时间或金钱去做任何额外的事情。

⊖ 根据美国卫生与公众服务部发布的 2020 年的贫困标准，如果一个四口之家的家庭年收入在 26200 美元或以下，就属于生活贫困。

机会囤积

在美国，我们很容易就能看出来，私立学校的学生是如何在无意中从公立学校的学生那里囤积机会的。但是要在美国免费的公立校里看出来这种情况是如何发生的就比较困难了。

这样的情况通常发生在两个层面：一个是拥有"玻璃地板"作用的富裕地区的公立学校。学校的资金来源往往与当地财产税挂钩，更高的房产价值会带来更多的学校资金。因此，富裕社区的公立学校通常能够提供许多与私立学校相同的机会。即使学校不能，家庭通常也可以弥补差额。

而在地方税收情况列表的底端是这样一些学校：这些学校负担不起任何额外的费用，他们被迫削减艺术、音乐、体育等课程和实地考察旅行类活动，以及重要的技术和设备升级。有时他们甚至不得不削减教职工和学生的服务。在美国，这些学校绝大多数都是为有色人种和穷人服务的。而这只会加大这些年轻人已经经历的机会差距。

在这两者之间的是普通的美国公立学校，就像克里斯的学校。他们能付多少就付多少，但仍然需要家庭每年多贡献一点。在这些学校里，经济困难的学生通常也不会比就读于资源不足的学校的学生体验好多少。由于无法自掏腰包支付活动费用，他们就参加不了必要的课外活动。

进入大学和职业的成本

在美国，还有一些隐性成本与进入大学、找实习或开始一份通向职业生涯的工作有关。2018年，包括洛里·拉芙琳（Lori Loughlin，《欢乐满屋》中的"贝基"）和费利西蒂·霍夫曼（Felicity Huffman，《绝望主妇》中的"勒奈特"）在内的50位名人，被指控利用不正当手段让自己的孩子进入名牌大学。

对于这些名人家庭来说，好像上大学的费用还不够高似的，他们向威廉·辛格（William Singer，美国最大高考舞弊案当事人）支付了数千万美元，用于贿赂、交换、伪造和篡改记录，所有这些都是为了让他们的孩子进入顶尖大学。辛格雇人为客户的孩子参加SAT/ACT考试并取得好成绩；他伪造体育成绩记录，并买通大学教练，让这些年轻人被录取。[10]

这一丑闻充分地展现了有一些家庭为了保证自己孩子未来的教育和经济成功愿意付出的代价究竟有多大。然而在这些丑闻家庭之外，还有数百万个吃相不那么难看的家庭，他们有着类似的"雄心壮志"，愿意向大学预科辅导员和机构支付数千美元（有时甚至不得不借钱来支付），以提高孩子的考试分数，并试图增加他们进入大学的机会。

对于那些既负担不起有奖学金价值的课外活动和荣誉课程，又负担不起大学预科服务的年轻人来说，进入顶尖大学的机会对他们来说非常渺茫。

以经济损失来启动你的职业生涯

当年轻人准备寻找他们的第一份工作时，有些人有足够的储蓄或家庭经济援助，可以接受一个无薪或低薪的实习机会，因为他们觉得这是正确的战略举措。

在美国，这是一条享有特权且不太容易暴露的通往繁荣的道路。这包括上大学，然后利用大学假期进行无薪实习或从事初级职位，培养重要的职业关系（开门人），最终启动你的职业生涯。那些有能力这样做的人通常是那些已经领先的人。

为创造公平的竞争环境，学校应该为他们的学生提供基于工作的有偿学习机会；企业雇主应该只提供带薪实习，还应该有意减少偏见和特权待遇，让申请人通过审查程序。

美国机会之路的经济运输

总而言之，在美国出人头地有点像在洛杉矶的交通中穿梭。

有些人没有私家交通工具，也没有钱乘坐公共交通、叫出租车，或使用共享服务。对他们来说，机会只限于可以步行到达的地方。还有一些人有足够的钱乘坐公共交通，或偶尔乘坐共享汽车，但没有足够的钱拥有自己的汽车。对他们来说，有了更多的机会，但有一定的站点和路线限制。也就是说，他们只能走这么远。

有些人拥有一辆车，可以四处走动，但不得不与洛杉矶的交通竞争——受制于交通堵塞和沿途的路障。还有一些人与朋友或家人一起搭车，他们能够从HOV车道（多乘客快车道）和别人的高速入口通行卡中受益，从而使交通速度更快，停车次数更少，拥堵也更少。

最后，还有一些超级富豪——他们不仅有车和高速入口通行卡，而且需要时还能使用直升机通道。这使他们能够飞越交通堵塞和路障，而且空中交通管制部门还负责清理他们通往目的地的路线。

帮助年轻人在成年后取得成功的一个方面，是诚实地告诉他们现在有哪些机会、途径可以利用，以及他们拥有或需要什么类型的经济交通工具。如果你能帮助他们提升经济交通选择，那就太好了。如果你做不到，那就尝试给他们带来新的机会。

> ### 如何减少或消除隐性机会成本
>
> - **无论何时何地，只要你能，就给需要帮助的孩子和家庭提供直接的现金援助。** 充满挣扎的一生，代价是昂贵的；充满机会的一生，成本是昂贵的。对于那些有资格获得政府财政援助的孩子，要确保他们拥有申请和领取福利的工具。进一步研究基本收入试点项目[⊖]、个人发展账户（Individual Development Account, IDA）选项以及他们可能有资格获得现金援助和资产建设的机会。如果不确定从哪里开始，那么可以考虑向当地银行或附近的联邦储备银行咨询。
>
> - **倡导支持学生返校和参加活动成本的公共资金。** 与教育工作者、家长和社区成员一起，向当地学校董事会、市议会、州教育部门或民选官员寻求更多的公共资金，以支付学生的学习用品费用和活动参与费用。
>
> - **对课外活动和拓展活动免收费用或采用浮动式收费标准。** 这些项目和活动在许多方面使年轻人受益，特别

⊖ 有关基本收入的更多信息，请参阅经济安全项目（Economic Security Project）或由 ESP 联合创始人克里斯·休斯（Chris Hughes）撰写的《公平的机会：重新思考不平等和我们如何赚钱》（*Fair Shot: Rethinking Inequality and How We Earn*）（2018）。

是在培养他们一生都需要的能力和人际关系方面。年
轻人的经济状况不应妨碍他们参与这些项目和活动。
如果必须收费，可以考虑采用浮动式收费标准并提供
奖学金，以及对一定收入水平以下的家庭免费。

- **让所有年轻人都能免费获得高质量的大学教育和证书
  计划。** 在所有证书认证机构决定彻底改变他们的录取
  标准而放弃大学入学考试之前，我们可以为年轻人提
  供大学入学准备和规划等服务和帮助。

- **增加年轻人的社交资本，增加他们未来的收入潜力。**
  考虑通过扩大年轻人的机会和社交网络，用创造性的
  方法来建立他们的关系网络。现金和关系之间有很强
  的联系。孩子们需要开门人或者打开天花板的人，这
  视情况而定。

缓解财务波动

当我还是一名学校领导时，我对我们州的高中财务知识要求
就感到很困惑。当时，只要学生通过一个相当简单的选择题考试
就可以满足科目要求。在我的印象中，它只涵盖了财务基础知
识，而且和许多测试一样，内容在测试后很快就被遗忘了。我担

心学校要求学生掌握的财务知识并不能让他们为现实的财务状况做好准备。

研究人员乔纳森·莫杜奇（Jonathan Morduch）和雷切尔·施耐德（Rachel Schneider）详细记录了这些事实。为更好地了解美国家庭经常面临的财务起伏，他们对235个中低收入家庭进行了为期一年多的跟踪调查。他们所发现的状况，与学校的教学内容非常不匹配。

以下是一个典型的美国财务素养课程教授给孩子的财务生命周期的基本原则：

- 一生中缓慢而稳定地存钱，最好在童年时就设立大学基金。
- 找一份有福利（包括退休）的工作，每年尽量存更多的钱。
- 尽可能做明智的投资。
- 还清债务，享受资产所有权（例如，拥有你的汽车和房子）。
- 舒舒服服地退休。
- 攒足够的钱养活你的孩子，让他们过上比你更好的经济生活。

依据乔纳森和雷切尔的调查，大多数人都遵循这些原则假设，认为只要有足够的财务知识、自制力和预算，就可以过上财务稳定或富裕的生活。[11]

与此同时，乔纳森和雷切尔发现，大多数美国人的财务现实情况却完全不同。

- 大多数成年人都会经历一定时间段内的收入高峰和低谷，导致每月和每年的收入波动。

- 收入下降会迅速演变成严重的财务压力，耗尽储蓄，并迎来真正的财务困难时期。

- 许多成年人几乎没有储蓄，包括用于退休的储蓄。事实上，大多数成年人甚至无法拿出几百美元来应付意外开支。

- 大多数人都有财务不安全感，或者感觉自己只够勉强度日。这种情况在经济收入的各个层次上都普遍存在。

我们除了尽可能帮助年轻人渡过难关、持续前进外，还需要尽可能地帮助他们为自己的财务未来做好准备。这可能有点棘手，因为并不是所有人都感觉自己特别擅长现金管理。特别是在最近几年，大家共同经历的经济起伏对很多人都造成了个人损失，我们的财务计划很少能经受得住考验。

现在出现了一个新的财务生命周期，年轻人需要学习如何在这个周期内进行财务管理。它建立在这样一个前提下：我们大多数人（如果不是所有人的话）在一生中都会经历财务上的"不稳定"。最贫穷的人将受到最严重的打击。

财务不稳定是指由于工资不足、储蓄不足和运气不好（如意外的全球疫情）而导致的日常财务压力和挣扎的经历。[12]

过去的财务周期	未来的财务周期
随着时间推移，缓慢而稳定地储蓄	储蓄用于支出高峰和财务紧急情况
在职业生涯中建立投资和退休储蓄	投资、收益的周期性暴跌
50多岁或60多岁退休，由社会保险、养老金或退休储蓄提供资金	需要工作到七八十岁，有不同的退休收入选择
相对稳定的经济与就业	预期每个月的财务起伏
向上的经济流动性，随着时间推移，收入和储蓄日渐上升	各个收入等级的人生都有多个不同的阶段；财务安全和财务不稳定的状态交替得更为频繁
无法节省和满足开支是由于预算和财务规划不当	经济波动会导致更大的财务波动，一旦受到重大或意外支出的冲击，财务状况很容易恶化，而且这些"支出冲击"经常发生
为财务自由而奋斗	争取财务稳定和安全

现在，是时候将我们的财务知识课程，转变为专注于财务敏捷性和应变能力的长期学习经验了，为年轻人提供他们所需的工具和技能，以应对一生的财务困难。乔纳森和雷切尔认为，关键是要找到保持"财务平稳"的方法。

财务平稳需要现金策略和应对技巧。年轻人需要管理财务和减少财务波动的策略，以应对财务起伏。这需要一定程度的财务管理能力、现金储蓄，以及一定的社交关系来寻求支持和援助。

在经济独立之前，年轻人应该具备制订和追求短期储蓄目标的能力，并为财务紧急情况和不可预见的开支制订计划。他们不仅需要储蓄和投资方面的教育，同样也需要税收、借贷和债务管理方面的教育，这两个方面同等重要。他们还必须知道处在危机中时可以向谁或在哪里能够寻求经济援助。理想情况下，他们应该享有可靠的人或机构的支持，可以在需要的时候与自己分享财务资源。

生活中的实际问题往往会转移为情感问题，财务不稳定会对我们的心理健康造成很大的影响。既然了解到财务不稳定是普遍现象，我们可以帮助年轻人为这种可能性做好准备，支持他们培养良好的应对技能，例如能够冷静下来，保持健康和乐观，并保持远见。

一个单学分的简短课程、三天的培训项目或者高中毕业时的一场考试，对于要为明天世界的财务现实做好准备的今天的孩子来说，是远远不够的。对于年轻人来说，如何进行现金管理和保持财务平稳需要成为一条学习的线索，伴随着他们从童年到成年。

如何改善年轻人的财务教育

- **尽早开始，不要停止。**要为他们的财务未来做好准备。今天的孩子需要现金策略和应对技能。这包括强烈的金钱意识和能力，这些能力最好在他们的童年就能够得到培养。可以考虑从儿童时期就开始对年轻人进行财务教育（或理财教育），并且在过渡到成年后继续进行。

- **将财务教育的重点放在关注财务平稳上。**假设大多数年轻人都将经历财务不稳定，那么他们为了做好准备，需要学习储蓄和投资，以及借贷和债务管理。

- **从考试到经验的转变。**年轻人需要工具、策略和技巧，以便在成年后使用。让财务教育成为一种体验式的、积极的学习经历。

- **提供社会和情感支持。**财务健康与我们在财务困难时期应对困难和获得支持的能力有关。考虑将社会情感学习作为年轻人整体财务教育的一部分。

Making It

What Today's Kids Need for Tomorrow's World

第三部分

铸造
人生货币

CHAPTER SEVEN

第七章　成为人生货币铸造者

　　我们作为教育工作者，无论从事行业里的哪一项具体工作，我们的工作都是满足年轻人的需求，支持他们的成长和发展，为他们的人生做好准备。如果年轻人能够在进入成年时，拥有起步所需的知识、技能和支持，以及获得他们在未来道路上所需的智慧，我们才算履行了这一职责。

　　即使未来难以预测，可这项工作仍要继续。尤其在这个时代，了解时局至关重要，这样我们才能全面预测年轻人的未来，并弄清楚这些可能性提出了什么要求。为明天的世界做好准备是一项赌注很高的事情，甚至会让年轻人命悬一线。我们不能以过时的观念来看待战备状况。

追求长寿、舒适的生活

2017年，世界经济论坛发表了一份白皮书，名为《我们将活到100岁——我们如何负担？》（ *We'll Live to 100—How Can We Afford It?* ）。在这份报告中，世界经济论坛注意到人类预期寿命的快速增长，指出2017年出生的婴儿，预计至少能活到2117年。这是因为过去的许多致命疾病现在已经可以被治愈，而且随着人口老龄化的快速增长，更多的资源被投入到寻找延缓、减少或消除老年疾病的方法上。

今天的孩子应该为可能实现的百岁人生做好准备。我们的工作并不是在孩子18岁时把他们交接给大学、企业雇主或军队后，就画上句号了。相反，我们应该抱着这样的态度：在年轻人前1/4的生命中与他们合作，以支持他们在未来3/4的人生中获得他们需要的东西。我们正在为年轻人可能实现的百岁人生做准备。

我们必须将我们的愿景和使命扩展到大学和职业准备之外，并设定一个新的标准。

其最终目标应该是帮助年轻人拥有长寿、舒适的生活。我们要让年轻人做好准备，在多年的机遇和困难、重大变化和创新中，继续生活、学习和工作。当我们把教育的视角从"内容"扩展到"货币"时，我们就为今天的孩子们增加了长线成功的机会。

铸造货币——打造舒适生活

2005年，一位旅行作家和现代探险家丹·布特纳（Dan Buettner）为《国家地理》（*National Geographic*）撰写了一篇封面故事，主题是"长寿的秘密"。在这篇文章中，他探讨了三个社区的特点，这些社区拥有世界上最健康、最长寿的人。这些社区被称为"蓝区"，因为研究小组是用蓝色墨水笔撰写他们的实地记录的。布特纳和一个由人口学家、医学家和记者组成的团队发现，尽管这些社区各不相同，但它们在生活方式和饮食方面有某些相似之处。这些长寿的热点地区，从日本冲绳的沿海社区到意大利撒丁岛的山区村庄，再到加利福尼亚州洛马林达市的安息日会。

想象一下，当时间来到2100年，我们正在进入一个新的世纪，那时，今天的孩子们至少有一半已经达到100岁或以上的年龄。一位社会研究人员（可能是布特纳的曾孙女）正与她的团队前往百岁老人最多的地方，她想更好地了解他们之间的那些共同的特点，以及他们成长的地方。

在出发之前，她研究了人类平均寿命最短的社区。在这里，她发现了猖獗的体制性不平等和种族不平等，以及未来社会科学家可能称之为"机会沙漠"的现象。在这些以黑人和棕色人种为主的社区中，人生的前1/4被贴满了学习和工作选择匮乏、经济困难和个人困难等标签。这些社区的教育和培训系统在很大程度上还是一两个世纪以前的样子，甚至一年比一年落后，而当年那些为年轻人的生活和工作做准备的功能已经不存在了。

有了对这些人均寿命最短的社区的了解，研究小组紧接着开启了前往拥有良好生活的百岁老人社区的旅程。他们对百岁老人的采访可能揭示了这些人在成长过程中经历的众多个人选择和机会。他们的学习和发展，有的发生在线下，有的发生在线上，而且是在一个相互关联的网络中进行的——包括学校、社区、家庭、甚至工作场所。他们回忆说，他们的社区就像是课堂，他们的教育者是一群不同的成年人，这些成年人总是试图更好地了解他们和他们周围的世界。

每个百岁老人都给研究小组讲述了自己的故事，但我想他们应该都描述了以下几点：他们有很多不同的途径能够发展自己一生所需的各项能力；他们有一路支持和帮助自己的各种人际关系；他们有为他们的知识和技能提供证明的证书；他们有不止能维持生计还能让自己持续进步的现金支持。

　　研究小组要求每位百岁老人谈谈支持他们学习和发展的成年人。故事肯定会有所不同，但我打赌一定会出现一组共同的特征。根据研究和我们迄今为止的探索，我认为这些支持年轻人学习和发展的人可以被称为"人生货币铸造者"，他们有如下五个共同的特征：

- 采取全人观、终身观的教育方法
- 让人生货币成为学习经历的一部分
- 在年轻人愿意花时间的地方帮助其铸造人生货币
- 公正、包容、关怀
- 成为年轻人的代言人和盟友

　　你可以成为今天的年轻人所需要的人生货币铸造者。你需要做的就是将这些货币升值，并将其整合到你已经在做的事情中。不需要采用什么新的模式，也不需要实施什么规定性的改革。货币铸造可以与任何事物共存。一开始，这只需要意愿、创造性的规划和承诺，你只需要为年轻人提供空间和时间，让他们做自己、去实践和玩耍。

　　成为人生货币铸造者的挑战是，首先要相信每个孩子在成年后都有资格获得成功，并享受一个舒适的百岁人生。

　　然后，你需要弄清楚自己的行为是否符合这个信念。试着检查你的行为和偏见，评估你的人际关系和做法。这就要求我们致力于反种族主义，并在看到不公正现象时，利用你所拥有的一切特权来解决它。这也需要一个持续学习和发展的个人姿态。

　　如果你的行为符合这一信念，即使你所在的教育体系或学校倾向于优先考虑完成学业和遵守制度，你也允许自己优先考虑人生货币和年轻人的需求，那么你可能会比学校或机构发展得更快。教育体系的改变需要时间。承认这一点，然后继续前进。年轻人没有办法在原地等着体系追赶上来，而且你也不用等。今天的孩子们需要你和一整个社区的人生货币铸造者们在他们身后支持他们，并确保他们拥有在明天的世界中取得成功所需的一切。

人生货币铸造者特征1
——采取全人观、终身观的教育方法

　　为了达成这一目标并实现长寿、舒适的生活，年轻人将需要做好持续学习、工作和成长的准备。当我们在精神、身体、情感和社交方面都没有问题时，学习、工作和个人的改变才会更有力、更积极。如果生活中的一个方面出现了问题，那么一切都会失衡。

关注全人

"全人观"让我们看到年轻人是谁、他们想要什么和需要什么，以及他们曾经的经历和所处的环境。作为人生货币铸造者，我们应该根据年轻人的实际情况进行相应的定制和调整。

看看儿科医生用来跟踪儿童成长和发育的生长图表。在提出问题并进行一定的测量后，比照典型标准，结合孩子自身的发展轨迹，绘制出孩子自己的生长发育图表。然后，儿科医生会根据孩子的出生地和生活中的其他因素，为他们提供个性化的建议，以支持孩子的健康成长和发育。这与年轻人的人生货币的铸造过程十分相似。

当你在支持年轻人并帮助他们从一生的角度为未来做好准备时，可以参照以下衡量标准或维度做一些记录：[1]

个人	环境
认知	经济和社会地位
文化	家人和朋友
情感	种族和文化因素
身体	邻里或社区氛围
社交	结构性限制或资产

人生货币铸造者始终把年轻人和他们的未来放在决策的中心，始终评估他们在学习和生活中的表现，同时关注他们以后需要什么。这种积极和持续的评估，将使你能够依据年轻人的情况调整关注点，并明白其背后的原因。

具体来说，假设一个年轻人在学校很难交到朋友，但已经被大学录取并获得全额奖学金。那么，人生货币铸造者就可以更注重帮他建立人际关系，而不是证书。又或者，一个生活贫困的年轻人拥有一个充满活力的朋友和家庭网络。此时，人生货币铸造者就可以更关注为他提供现金，而不是关系。

在社区层面，你可以纵观整个群体，找到他们共同的兴趣、挑战、机会和需求。如果你在学校工作，一定会注意到辅导员们正在关注学生出现焦虑情绪的比例有所上升的问题。在这种情况下，正是我们给予支持，帮助学生加强心理健康以及与他人联结的能力的时候。

又或许你的同事中有这样一个年轻人，他不知道上大学是不是正确的选择，也不知道应该考取哪些证书。在这种情况下，他可能需要多关注证书，但同时也要加强能力、关系和现金方面的支持，这些将对整个证书认证过程有所帮助。

当我们考虑年轻人生活的方方面面时，我们相信学习和生活是联系在一起的。作为成年人，我们要支持年轻人的学习和发展，就必须对他们的学习和生活都很关心。

关注终身

"全人观"需要一个广阔的视角，强调对年轻人需要学习和发展的方方面面保持开阔的视野；而"终身观"需要一个长远的视角，强调通过持续努力使年轻人获得更好的能力和装备，过上长寿、舒适的生活。

我们先不管教育途径，先来谈一谈年轻人的一生。他们在前1/4的人生阶段所积累的人生货币和学习机会，会为未来3/4的人生带来更多可能。也就是说，发生在年轻人前1/4人生阶段的事情，决定了他们成年后将面临什么样的经济状况。

"终身观"还要求人生货币铸造者要把为每个年轻人争取和倡导拥有百岁人生的承诺和可能性放在首要位置。出生在密歇根州弗林特市或圣路易斯市北部的婴儿（主要是穷人和黑人）可能会比富裕的白人同龄人早死20年，这只是因为他们生长的地方不同。[2]在美国，结构性种族主义和健康问题的社会决定因素是人生货币铸造者需要关注的根本问题，这一问题需要大量的关注、研究、个人反思和行动。

要成为一个具有全人观、终身观的人生货币铸造者，就必须将自己视为这样一种角色，他们对年轻人的关注从学习层面，延展到了生活层面和长寿的未来。今天的孩子们如果生活在他们所需要的环境中，他们会学得更好。如果他们能受益于丰富的学习机会和成长的支持，他们以后会有机会过上更好的生活。

人生货币铸造者特征2
——让人生货币成为学习经历的一部分

学校、项目和家庭每天都在实践这种人生货币铸造者的特征。每当老师给学生布置一个小组项目，要求他们一起合作、运用所学知识、发挥创造力时，学生们就是在培养能力和人际关系。每当辅导员、导师或父母与年轻人一起坐下来，倾听年轻人毕业后的想法或对家里情况的询问时，他们都会采用全面的视角和提问的立场，与年轻人建立联结，并指导年轻人获得正确的证书和未来的经济机会。每一次领导层决定继续提供奖学金、取消烦琐的费用、平衡预算以保护年轻人的需求，都是在为年轻人积累现金、提供更多提升能力和建立关系的机会。近年来，出现了一些教学模式和方法，如果实施得当，这些模式和方法尤其能带来丰厚的"货币机会"。

如果你正试图寻找一个符合这种货币铸造方法的机构、学校、项目或模型，这里有一些关键词可以参考：

- 深度学习
- 以学生为中心的学习
- 积极的青年发展
- 项目式、问题式或探究式学习
- 社会情感学习
- 基于工作的学习或"边学边赚"的机会

我在弗吉尼亚州的汉普顿城市学校发现了人生货币铸造者。他们为未来的急救人员提供的培训项目，同时创造了四种人生货币。年轻人与当地的急救人员一起工作，练习成为调度员。这样做可以培养技能、建立新的关系、增加获得证书的可能性、提高未来工作和收入的潜力（即现金货币）。

在汉普顿以西几小时车程的坎伯兰县，我还发现了一些可以铸造人生货币的地方，那里的学生们在一个配备有3D打印机、机器人技术等的创客空间（Maker Space）里进行手工制作。在玩耍和创造的过程中，各个年龄段的学生都加强了能力，同时建立了彼此之间、人与机器之间的关键联系——所有这些都是在设计那些将在未来的证书或工作申请中发光的东西。在创客空间，坎伯兰的学生被鼓励合作、创新和创造。在过去的一年里，学生们制造了机器人吸尘器、割草机、手机壳和农场机器人来支持他们的农业社区。

对于我们这些接受过由已故的、伟大的、被深深怀念的格兰特·威金斯（Grant Wiggins）所倡导的"以终为始的计划"（计划为先/以目标为靶的计划）方法训练的人来说，⊖人生货币铸造者的这个特征正是一种最为根本的倒推式规划实践。为了让年轻人为未来做好准备，他们需要在这个疯狂的、不断变化的世界中先活下来。而他们要想活下来，就需要人生货币。因此，我们应该将每一次学习体验都设计成创造人生货币的机会，确保它们能够转化到现实世界中。

对于学校领导、地区或项目管理人来说，这可能与很多以遵守规定、完成学业为导向的传统体系的某些方面背道而驰。当你制订政策、为员工设计职业发展、制订年度学习目标和基准时，要想办法将这四种人生货币融入日常互动和强制性体验中。

⊖　如果你还没有读过格兰特·威金斯（Grant Wiggins）的作品，现在是时候了！他和杰伊·麦克蒂格（Jay McTighe）写了很多关于"通过设计来理解"的书。我非常幸运地得到了格兰特的指导，在我们的谈话中，他总是提醒我专注于孩子生命中最重要的东西，然后尽自己所能让每个孩子达到这个目标。

人生货币铸造者特征3
——在年轻人愿意花时间的地方帮助其铸造人生货币

铸造人生货币并不局限于学校和教室，它可以随时随地发生。而且，当它发生时，它应该总是有价值的。今天的孩子们会经常在学校、家里、运动场、剧院等场所活动，无论是上学前或放学后，还是寒暑假或学校假期，我们都可以以面对面或线上的形式来培养能力和关系，为未来的证书做计划，并改善财务健康。

作为人生货币铸造者，我们需要真正熟悉年轻人所处的空间和场所。然后，我们应该看到当下年轻人的社交网络和他们经常出没的实体场所是如何共同帮助他们学习、发展和成长的。就像全人观和终身观的主张一样，这一特征要求我们关注"全社区"。

今天的学校不是为明天的世界或每个孩子而设计的。作为人生货币铸造者，你会发现自己的进化速度比体系和学校的进化速度更快。只要人生货币铸造者们通力合作，就会创造出一个货币铸造的生态系统——在这里，我们可以为年轻人提供他们所需要的持续不断的、公平的支持和发展，而且我们可以相互分担、资源共享。

如果你想了解更多关于将这一特征付诸实践的内容，可以从以下这些关键词出发：

- 儿童内阁（Children's cabinets，儿童服务机构联盟，旨在通过合作和资源共享，为儿童提供更好的支持）
- 社区学校
- 社区组织—学校伙伴关系
- 教育工作者—企业雇主伙伴关系
- 企业雇主咨询或企业雇主委员会
- 家庭参与
- P20理事会

当新冠肺炎疫情让学校关闭时，我们突然意识到强有力的伙伴关系有多么重要。这包括教师和家长、社区组织和学校、企业雇主和教育工作者之间的关系等。我们也看到了，对于年轻人来说，无论身处何地都能够学习，并且能够无缝衔接地从面对面的学习形式转换为线上学习，然后再回来，这一点有多么重要。

人生货币的铸造需要不同地区和不同人的共同努力，建立一个全社区范围的、满足孩子学习和做好准备的基础设施和生态。对于年幼的孩子来说，这需要以学校—家庭—社区三方联动为基础；对于年长的孩子来说，这需要以学校—家庭—社区—工作四方联动作为基础。这种"基础设施"必须有技术支持、有宽带连接，并对每个年轻人免费开放。

在这样一个人生货币铸造的生态系统中，每一个个体小环境都应该符合这样的标准：既能够鼓励和促进高质量学习，又能够推动青少年积极发展。

当我在青年投资论坛（Forum for Youth Investment）参与"设计就绪"项目的共同领导时，研究了这些空间和地方的样子，发现：

- 学习环境应该是受欢迎的、安全的、结构化的。这是一个积极的地方，在这里，年轻人知道自己的预期以及我们对他们的期望是什么，并乐意在这里花时间。
- 人际关系应该是真实的、积极的和富有成效的。成人、同龄人都是相互关怀的、激励的、风趣的和赋能的。
- 这些经历和机会应该让年轻人保持挑战性和投入度。年轻人的经历和机会基于他们是谁、他们在哪里、他们需要什么、他们想要什么。

- 环境为年轻人提供学习、发展和升值货币的空间和时间。这包括练习和从错误中学习、应用和联系、反思和持续改进的机会。

人生货币铸造者特征4
——公正、包容、关怀

人生货币铸造者应该努力倾听年轻人的声音，向他们学习，了解他们，表达同理心，追求公平。这意味着践行每个孩子都值得拥有长寿、舒适的生活这一信念。人生货币铸造者需要具备的第四、第五个特征是成对出现的，这是因为"公正、包容、关怀"要求我们将准备就绪视为一种人人平等的权利，而"成为年轻人的代言人和盟友"督促我们按照这一信念行事。

作为人生货币铸造者，我们需要全心全意地相信：准备就绪是一项基本人权，并承认有些年轻人因为个人无法控制的风险和障碍而无法实现这一权利。

当我们了解到一些学校和项目存在这种不平等现象后，通常会采取以下做法来努力解决这一问题：

- 反种族主义教育
- 高度敏锐的文化响应[○]
- 教育公正
- 疗愈性质的实践[○]
- 修复性的公正[○]
- 通用设计

　　"公正"是打开机会的大门，而这些机会在历史上通常会因为他们是谁、他们住在哪里或者他们能否负担得起，而向一部分年轻人关上大门。例如，在关于现金的一章中，我们探讨了理查德·里夫斯（Richard Reeves）所说的"玻璃地板"。在美国，出生

　　○　这是指当今美国的课堂里可能有很多跨文化背景的需求，教学时要考虑到这一方面，扩展教学内容。例如在讲莎士比亚的时候，也讲一讲同一时期其他国家著名作家的作品。——译者注

　　○　这也是一种注重教育公正的做法，倡导关注学生、教职员工、社工在社会情感方面的精神健康。例如新冠肺炎疫情给孩子、老师带来了很大的压力和次生心理创伤，有人在疫情期间家人去世，有网课老师遭受网暴去世。这些压力和创伤需要被恰当地处理，才能使学生的学业免受或少受影响，以保障学生的社会情感健康。——译者注

　　○　这是一种校园管理方法。如果学生之间或学生与教职员工之间发生冲突，传统的管理方法是学校按照校规处理。修复性公正的处理方法，则旨在使发起冲突的一方和受到伤害的一方可以更为平等地沟通解决，让学生的声音更多地被听到。这个词一开始是用在司法层面的，类似双方庭外和解的意思。——译者注

在富裕家庭的年轻人受益于不劳而获的特权，比如只是因为他们认识一些人，或者他们能负担得起而其他人却负担不起，就进入优秀的学校，或者被选中参加竞争激烈的实习工作。正义要求我们了解特权和权力是如何运作的，利用我们拥有的特权和权力来呼吁公正，然后尽我们所能来分配机会和优势。

"包容"要求我们创造这样的空间：让年轻人看到自己，做自己，知道自己属于哪里。这促使我们在做每件事时都要尽可能地反映年轻人的文化背景和身份——大到任务和活动的设计，小到年轻人在墙上看到的图片和他们在书中读到的人物。让年轻人"做自己"，需要我们了解他们从哪里来，他们喜欢什么、需要什么，然后创造一个尊重他们现实生活中的身份和处境的环境。

"关怀"是一种同理心。积极培养和表达同理心，可以帮助我们保持公平。我们应该努力去理解年轻人在现实生活中的样子。如果你从未贫穷过，就很难理解贫穷给他们带来的复杂的压力；如果你是白人，就很容易把种族定性对自己的危害降到最低；如果你从来没有与身体残障做过斗争，就很容易在分配活动时考虑不周。这样的例子不胜枚举。

要培养同理心，最好的方法是与和你不同的人建立亲密而有爱的关系。不过，有时这是难以实现的，在这种情况下，你可以通过阅读、观看和听故事（不要只看新闻，还可以看一些引人入胜的个人传记和虚构故事）来进入别人的视角、经历和想法，从而培养同理心。这将有助于我们更好地了解不同的人，了解他们是谁、他们如何体验这个世界。

公正、包容和关怀意味着人生货币铸造者需要努力保持谦逊，不断倾听和学习，并对改变信念和行为保持开放的心态。

此外，它还要求我们不仅要寻求建立、创造空间，还要懂得适时后退，让年轻人成为他们自己学习和发展的真正推动者。这一点既是指实践层面，也是指观念层面。这需要我们对自己相信的理念和我们可能无意中阻碍、阻止或遗弃的人进行定期的、彻底的检查。除了自我检查，它还要求我们在勇气和诚实上做出切实的改变。

人生货币铸造者特征5
——成为年轻人的代言人和盟友

人生货币铸造者是变革的推动者。当我们发现错误时，会试图纠正它。这一特点可以让我们消除障碍，转移权力，改变政策和结构，使那些被阻碍发展的年轻人能够持续前进，赶上，领先，并在成年后取得成功。有时，这需要我们走出自己的舒适区，勇敢地去做出新的尝试——包括给报刊写信，在公开会议上发言，联系民选官员，或与某个有影响力的领导建立关系。

有效的代言人和盟友了解年轻人的问题，能够讲述令人信服的、反映教育转变必要性的个性化故事，并列出具体的、可操作的要求清单。作为人生货币铸造者，我们的"特别兴趣点"是我们的年轻人和他们对生活的准备。我们应该为他们找到分享自己故事的平台。当我们做不到或他们不想做的时候，我们应该尊重和小心地提升他们的体验，让他们的需求成为我们的需求的中心。我们必须为那些生活最艰难的年轻人而奋斗。这些年轻人可以从我们的宣传工作和援助中受益。

宣传和结盟有不同的方式。在美国，我们可以传播思想、参与运动、组织活动、游说或请愿，甚至竞选公职。

人生货币铸造者作为年轻人的代言人和盟友，希望对今天孩子们的生活和他们明天的世界产生积极和持久的影响。[3]他们致力于转移和分配权力，为年轻人创造空间和机会，让其成为自己的最佳代言人，确保有关年轻人的决定不会在他们没在场的情况下轻易做出。人生货币铸造者以年轻人的代言人和盟友的身份，会尽其所能去理解年轻人的世界，并为世界的未来而奋斗。[4]

进入下一个阶段

为明天的世界做好准备，应该是每个年轻人的权利。生活在明天的世界将是昂贵的，需要的不仅仅是高中文凭或大学学位。年轻人将依靠多样的能力组合，来生活、工作和学习。他们将需要通过可信度高的证书，来证明和验证他们的知识和技能。他们将需要大量的社交资本和财务资本，来支付可能伴随百岁人生而来的费用。而且，他们将需要忍受一个摇摇欲坠、不断变化的世界和时代，即使有时甚至会感觉它正在失去控制。

这本书只是关于立足未来，为年轻人成年后的起步建立必要的基线。如果没有这个基线，年轻人会发现自己在生活中不断地被碾压，落后于人——尤其是那些一开始就不是因为自己的过错而落后的人。

然而，在拥有人生货币让自己过上好日子，和拥有持久的资产来茁壮成长、享受生活并且更上一层楼之间，还是有着重要的区别。

作为人生货币铸造者，本书所描述的工作只是一个开始。我们要先从帮助今天的孩子获取他们所需要的人生货币开始。在此过程中，我们必须找到其他人生货币铸造者，共同致力于改变孩

子们成长的世界、体系和结构，最终使其公平和公正。人生货币
铸造者将这种双重角色视为一种道德责任。

除了立足未来，年轻人还需要我们帮助他们在不断变化和充
满挑战的时代茁壮成长。无论生活是什么样子，都要让它变得有
价值、有意义、健康——不仅要为孩子们做好应对未来的准备，
还要为他们提供幸福和成长的希望。

致　谢

有很多人为这本书贡献了他们的时间和智慧的思考。

首先，我要感谢我的母亲和丈夫。我的母亲在教育行业工作了几十年，我的丈夫在东圣路易斯与专为青年服务的领导人们一起工作。他们俩各自代表了这本书的不同读者群体，也都欣然同意成为我的第一批读者和编辑。当我需要时间写作时，她们也会照顾孩子们。尤其要感谢我在Jossey-Bass/Wiley的专业编辑团队：金·温普塞特（Kim Wimpsett），谢丽尔·弗格森（Cheryl Ferguson），艾米·范德雷（Amy Fandrei），还有皮特·高恩（Pete Gaughan）。

许多人慷慨地跟我分享了他们的经历、故事和研究，包括我的很多朋友、家人，以及曾经的教授和同事。他们在书里都会被提到名字。在我写书的整个过程中，我最喜欢的部分就是和他们交流，并把他们的话和研究写进书里。

　　在写作过程中，我的几个亲密的朋友和我儿子的老师给了我很大的支持。家长一直是重要的教育工作者，尤其是自从新冠肺炎疫情以来，家长的教育责任越来越重了。正因为如此，我想写些有用的东西给那些没有正规教育背景的父母。克里斯蒂·亚当斯（Christi Adams），感谢你成为我的儿子们的"另一个母亲"，并且在这本书出版之前，帮助我发展了很多想法。伊丽莎白·齐默尔曼（Elizabeth Zimmerman）和维克·诺里斯（Wake Norris），感谢你们早期的支持和持续的鼓励。卡拉·米勒（Cara Miller）和蒂安娜·贝瑞–琼斯（Tiana Berry-Jones），感谢你们和我一起头脑风暴，并相信这本书适合父母阅读。还有魔法老师三人组——丽莎·帕特森（Lisa Patterson）、艾米丽·洛芙莱斯（Emily Lovelace）和苔丝·道森（Tess Dawson），你们是杰出的教育家，也是我的好朋友。感谢你们陪在我的孩子们身边，并帮我确保了这本书的阅读价值。

　　我要特别感谢我在弗吉尼亚州的同事们。我有幸成为弗吉尼亚州学习者协会的一员，并参与启动"运动和学习伙伴关系"项目。通过这个项目，我看到了在我们的学校里，年轻人是可以做到很多事情的，他们已经准备好迎接一个变化的世界。特别谢谢朱莉·罗提奥（Julie Rautio），感谢你帮我做到让这本书的文字既通顺而又不至于过分咬文嚼字。感谢吉娜·凯勒（Gena Keller），谢谢你一直以来的加油和鼓励。还有莉亚·多兹尔·沃克（Leah Dozier Walker），感谢你帮我学会了如何在谈论美国的种族公正和机会平等时更为诚实和大胆。

特别感谢我在JFF的过去和现在的同事们：是你们塑造了这本书，并把很多地方都打磨得很流畅。谢谢阿德里亚·斯坦伯格（Adria Steinberg）、卡修斯·约翰逊（Cassius Johnson）和丽贝卡·沃尔夫（Rebecca Wolfe），当我告诉你们我想在全职工作和养育孩子的同时写一本书的时候，是你们第一时间给予我支持。我还要向卢克丽霞·墨菲（Lucretia Murphy）给予我深深的感谢，是你给了我关于写作的基本的建议，帮我把想表达的意思说了出来。谢谢史蒂夫·亚津斯基（Steve Yadzinski）、内特·安德森（Nate Anderson）、乔·迪根（Joe Deegan）、萨拉·兰巴克（Sarah Lamback）、艾米·吉拉尔迪（Amy Girardi）和莱克西·沃夫（Lexie Waugh），你们帮我想到一些有创意的方法来架构"明天的世界"那一章。谢谢雷切尔·克罗夫特（Rachel Crofut）和石原一郎（Ichiro Ashihara）分享的感人的个人故事。谢谢艾米·劳埃德（Amy Loyd），你给了我一些最后的评论和思考。感谢朱莉塔·贝利-瓦斯科（Julita Bailey-Vasco）和卡里尔·莱文森（Karyl

Levinson）在背后给予的强大支持。

　　我还要感谢其他章节的打磨者：包括朱莉娅·弗利兰·费舍尔（Julia Freeland Fisher），她是这本书的原动力，也是对"社交关系"这一章影响深远的人；还有泰勒·乔·伊森伯格（Taylor Jo Isenberg），她帮助组织了"现金储备"这一章的内容。我还要感谢我以前的教授马克·兰克（Mark Rank），和他的会面鼓舞人心，他还让我借用了"舒适生活"这个概念。

　　致我在青年投资论坛和技术工人服务公司的前同事们：我们为"设计就绪"项目设定的愿景和目标将在本书中得到进一步发展。特别感谢凯特琳·约翰逊（Caitlin Johnson）和凯伦·J.皮特曼（Karen J.Pittman），他们是我在"设计就绪"项目中的了不起的协同负责人，我们所有的思考和对话都是这本书的基石。

　　还有我以前在Shearwater的学生、同事和合作伙伴，你们塑造和磨砺了我很多的想法和信念。感谢你们与我分享自己的生活和挑战。你们的坚强和面对挫折时的力量，激励我持续努力推动真正的、持久的改变。

　　最后，我要感谢一些可能根本不知道这本书的人：

　　大卫·里布（David Leeb）和彼得·霍夫曼德（Peter Hovmand），前者是我早期所在社区大学的教授，后者是我后来所在研究生院的教授。感谢你们在我身上看到了未来作家的火苗，并推动我变得更好。

帕特里克·博伊尔（Patrick Boyle），是我的第一个编辑。谢谢你教我写作的规则。我将永远感激你不仅帮我编辑书稿，还教会了我编辑的艺术。

比尔（Bill）和莎莉·坎菲尔德（Sally Canfield），你们在我最需要的时候投资了我，感谢你们馈赠了宝贵的时间和反馈。

最后，我要感谢的是弗兰克（Frank）。尽管在我15岁离开戒酒所后，我从未去找你，但是你永久性地改变了我的生活。谢谢你相信我不仅是一个辍学者，也不仅是一个有酗酒问题的孩子。你坚定地认为我可以而且应该上大学的信念，改变了我的一切。谢谢你帮助我立足了我的未来。

注　解

第一章

[1] Nellie Bowles, "A Dark Consensus About Screens and Kids Begins to Emerge in Silicon Valley," *New York Times*, October 26, 2018, sec. Tech and Internet Culture. https://www.nytimes.com/2018/10/26/style/phones-children-silicon-valley.html.

[2] Chukwuma Muanya, "How Mobile Phones Cause Cancer, Depression," *The Guardian*, November 13, 2018, sec. Health. https://guardian.ng/features/how-mobile-phones-causecancer-depression/.

[3] Markham Heid, "We Need to Talk About Kids and Smartphones." *Time,* October 10, 2017, sec. Health Research. http://time.com/4974863/kids-smartphones-depression/.

[4] Thomas L. Friedman, *Thank You for Being Late: An Optimists Guide to Thriving in the Age of Accelerations*, 2nd ed. (Picador, 2016).

[5] Jean M. Twenge, *IGen: Why Today's Super-Connected Kids Are Growing Up Less Rebellious, More Tolerant, Less Happy—and Completed Unprepared for Adulthood*and What That Means for the Rest of Us* (Simon and Schuster, 2017).

[6] Nicholas Confessore, Michael LaForigia, and Gabriel J.X. Dance, "Facebook's Data Sharing and Privacy Rules: 5 Takeaways From Our Investigation," *The New York Times,*" December 18, 2019. https://www.nytimes.com/2018/12/18/

us/politics/facebook-datasharing-deals.html.

[7] Drew Harwell, "Wanted: The 'Perfect Babysitter.' Must Pass AI Scan for Respect and Attitude," *The Washington Post,* November 23, 2018. https://www. washingtonpost.com/technology/2018/11/16/wanted-perfect-babysitter-must-pass-ai-scan-respect-attitude/?noredirect=on.

[8] Karen Weise, "Amazon Knows What You Buy. And It's Building a Big Ad Business From It," *The New York Times,* January 20, 2019, https://www. nytimes.com/2019/01/20/technology/amazon-ads-advertising.html.

[9] Twenge, *IGen: Why Today's Super-Connected Kids Are Growing Up Less Rebellious, More Tolerant, Less Happy—and Completed Unprepared for Adulthood *and What That Means for the Rest of Us.*

[10] Daniel J. Siegel and Tina Payne Bryson, *The Whole-Brain Child: 12 Proven Strategies to Nurture Your Child's Developing Mind* (Robinson, 2011).

[11] Frances E. Jensen and Amy Ellis Nutt, *The Teenage Brain: A Neuroscientist's Survival Guide to Raising Adolescents and Young Adults* (HarperCollinsPublishers, 2015).

[12] Ibid.

[13] Twenge, *IGen: Why Today's Super-Connected Kids Are Growing Up Less Rebellious, More Tolerant, Less Happy—and Completed Unprepared for Adulthood *and What That Means for the Rest of Us.*

[14] Ibid.

[15] Cassidy L. McDermott, Jakob Seidlitz, Ajay Nadig, et al., "Longitudinally Mapping Childhood Socioeconomic Status Associations with Cortical and Subcortical Morphology." *The Journal of Neuroscience,* February 20, 2019, 39 (8): 1365. https://doi.org/10.1523/JNEUROSCI.1808-18.2018.

第二章

[1] Paul R. Daugherty and James H Wilson, *Human + Machine: Reimagining Work in the Age of AI* (Harvard Business Review Press, 2018).

[2] Eduardo Porter, "Tech Is Splitting the US Work Force in Two," *The New York Times*, February 4, 2019. https://www.nytimes.com/2019/02/04/business/economy/productivityinequality-wages.html.

[3] Sarah L. Kaufman, "The Dances in 'Fortnite' Have Become Nearly as Contagious as the Game," *The Washington Post*, September 10, 2018. https://www.washingtonpost.com/news/arts-and-entertainment/wp/2018/09/10/the-dances-in-fortnite-have-become-nearly-ascontagious-as-the-game/?noredirect=on&utm_term=.3767dbe38812.

[4] Katherine Prince, Jason Swanson, Katie King, and Andrea Saveri, *Navigating the Future of Learning.* KnowledgeWorks, 2018. https://knowledgeworks.org/resources/forecast-5/.

[5] Ibid.

[6] Celeste Headlee, *Do Nothing: How to Break Away from Overworking, Overdoing, and Underliving* (Harmony Books, 2020).

[7] David Blustein, *The Importance of Work in an Age of Uncertainty: The Eroding Work Experience in America* (Oxford University Press, 2019).

[8] Louis Hyman, *Temp: How American Work, American Business, and the American Dream Became Temporary* (Viking, 2018).

[9] Danny Vinik, "The Real Future of Work," *POLITICO*, 2018. https://www.politico.com/magazine/story/2018/01/04/future-work-independent-contractors-alternative-work-arrangements-216212.

[10] Hyman, *Temp: How American Work, American Business, and the American Dream Became Temporary*.

[11] Thomas Ramge, Jan Schwochow, and Adrian Garcia-Landa, *The Global Economy As You've Never Seen It* (The Experiment Publishing, 2018).

第三章

[1] Taken from *The American Heritage College Dictionary, 4th Edition*. 2002.

[2] LEGO now makes different versions designed for use at home or school.

[3] Kevin Kelly, *The Inevitable: Understanding the 12 Technological Forces That Will Shape Our Future* (Penguin Books, 2016).

[4] Scott Barry Kaufman and Carolyn Gregoire, *Wired to Create: Unraveling the Mysteries of the Creative Mind* (Perigree, 2015).

[5] Linda Gratton and Andrew Scott, *The 100-Year Life: Living and Working in an Age of Longevity* (Bloomsbury, 2017).

[6] Kevin Kelly, *The Inevitable: Understanding the 12 Technological Forces That Will Shape Our Future* (Penguin Books, 2016).

[7] Jim Rendon, *Upside: The New Science of Post-Traumatic Growth* (Touchstone, 2015).

[8] Julia Hobsbawm, *Fully Connected: Social Health in an Age of Overload* (Bloomsbury, 2018).

[9] Paul R. Daugherty and James H Wilson, *Human + Machine: Reimagining Work in the Age of AI* (Harvard Business Review Press, 2018).

第四章

[1] Susan Pinker, *The Village Effect: Why Face-to-Face Contact Matters*. 2nd ed. (Atlantic Books, 2015).

[2] Gratton and Scott, *The 100-Year Life: Living and Working in an Age of Longevity* (Bloomsbury Business, 2017).

[3] Pinker, *The Village Effect: Why Face-to-Face Contact Matters*. 2nd ed.

[4] Julia Hobsbawm, *Fully Connected: Social Health in an Age of Overload* (Bloomsbury, 2018).

[5] Sam M. Intrator and Don Siegel, *The Quest for Mastery: Positive Youth Development Through Out-of-School Programs* (Harvard Education Press, 2014).

[6] Julia Freeland Fisher and Daniel Fisher, *Who You Know: Unlocking Innovations That Expand Students' Networks* (Jossey-Bass, 2018).

[7] Llana Gershon, *Down and Out in the New Economy: How People Find (or Don't Find) Work Today* (University of Chicago Press, 2017).

[8] Nicholas A. Christakis and James H. Fowler, *Connected: The Surprising Power of Our Social Networks and How They Shape Our Lives* (Little, Brown and Company, 2009).

[9] Committee on the Neurobiological and Socio-behavioral Science of Adolescent Development and Its Applications, Board on Children, Youth, and Families, Division of Behavioral and Social Sciences and Education, Health and Medicine Division, and National Academies of Sciences, Engineering, and Medicine. *The Promise of Adolescence: Realizing Opportunity for All Youth*. Edited by Richard J. Bonnie and Emily P. Backes (Washington, DC: National Academies Press, 2019). https://doi.org/10.17226/25388.

[10] Emilie Le Beau Lucchesi, "The Stresses of the Way We Work Now," *The New York Times*, May 14, 2020, https://www.nytimes.com/2020/05/14/well/mind/coronavirus-workstress-unemployment-depression-anxiety.html.

[11] Ellen Ruppel Shell, *The Job: Work and Its Future in a Time of Radical Change* (Penguin Random House, 2018).

[12] Susan Pinker, *The Village Effect: Why Face-to-Face Contact Matters*. 2nd ed.

(Atlantic Books, 2015).

[13] Daniel Hunter, *Building a Movement to End the New Jim Crow: An Organizing Guide* (Hyrax Publishing, 2015).

[14] The reports on the research and results were "Don't Call Them Dropouts" and "Don't Quit on Me." Both were produced by America's Promise Alliance.

[15] Shannon M. Varga and Jonathan F. Zaff, "Webs of Support: An Integrative Framework of Relationships, Social Networks, and Social Support for Positive Youth Development," *Adolescent Research Review* 3 (2018): 1–11. https://doi.org/10.1007/s40894-017-0076-x.

[16] Sam M. Intrator and Don Siegel, *The Quest for Mastery: Positive Youth Development Through Out-of-School Programs* (Boston: Harvard Education Press, 2014).

[17] Llana Gershon, *Down and Out in the New Economy: How People Find (or Don't Find) Work Today* (The University of Chicago Press, 2017).

[18] Freeland Fisher and Fisher, *Who You Know: Unlocking Innovations That Expand Students' Networks*.

[19] Julia Hobsbawm, *Fully Connected: Social Health in an Age of Overload* (Bloomsbury, 2018).

[20] Freeland Fisher and Fisher, *Who You Know: Unlocking Innovations That Expand Students' Networks*.

[21] Anthony Abraham Jack, "I Was a Low-Income College Student. Classes Weren't the Hard Part," *The New York Times*, September 10, 2019. https://www.nytimes.com/interactive/2019/09/10/magazine/college-inequality.html.

第五章

[1] Credential Engine, "Counting US Postsecondary and Secondary Credentials," Credential Engine, September 2019. https://credentialengine.org/wp-content/uploads/2019/09/Counting-US-Postsecondary-and-Secondary-Credentials_190925_FINAL.pdf.

[2] Bento J. Lobo and Lisa A. Burke-Smalley, "An Empirical Investigation of the Financial Value of a College Degree," *Education Economics* 26 (1)(2018): 78–92. https://doi.org/10.1080/09645292.2017.1332167.

[3] Credential Engine, *Counting US Postsecondary and Secondary Credentials.*

[4] Ibid.

[5] AnnaMaria Androitis, Ken Brown, and Shane Shifflett, "Families Go Deep in Debt to Stay in the Middle Class," *Wall Street Journal*, April 1, 2019. https://www.wsj.com/articles/families-go-deep-in-debt-to-stay-in-the-middle-class-11564673734.

[6] Lilah Burke, "Who's Completing Microcredentials?" *Inside Higher Ed,* November 20, 2019. https://www.insidehighered.com/digital-learning/article/2019/11/20/new-reportoffers-analysis-microcredential-completers.

[7] Androitis, Brown, and Shifflett, "Families Go Deep in Debt to Stay in the Middle Class."

第六章

[1] Nikita Stewart, "She's 10, Homeless and Eager to Learn. But She Has No Internet," *The New York Times*, March 26, 2020, sec. New York. https://www.nytimes.com/2020/03/26/nyregion/new-york-homeless-students-coronavirus.html.

[2] Keith Payne, *The Broken Ladder: How Inequality Affects the Way We Think,*

Live, and Die (Penguin Random House, 2017).

[3] Daniel J. Levitin, *Successful Aging: A Neuroscientist Explores the Power and Potential of Our Lives* (Penguin Random House, 2020).

[4] Alex Soojung-Kim Pang, *Rest* (Basic Books, 2016).

[5] Jonathan Morduch and Rachel Schneider. *The Financial Diaries: How American Families Cope in a World of Uncertainty* (Princeton Press, 2017).

[6] Ibid.

[7] Gwen Moran, "As Workers Become Harder to Find, Microsoft and Goldman Sachs Hope Neurodiverse Talent Can Be the Missing Piece," *Fortune*, December 7, 2019. https://fortune.com/2019/12/07/autism-aspergers-adhd-dyslexia-neurodiversity-hiring-jobs-work/.

[8] "Huntington's 13th Annual Backpack Index Spotlights the Role of Technology in Rising Back-to-School Costs," *Communities in Schools*, July 18, 2019. https://www.communitiesinschools.org/press-room/resource/huntingtons-13th-annualbackpack-index-spotlights-role-technology-rising-back-school-costs/?utm_source=socialmedia&utm_medium=twitter&utm_campaign=backpackindex&utm_content=organic.

[9] Suzanne Woolley and Katya Kazakina, "At $50,000 a Year, the Road to Yale Starts at Age 5," *Bloomberg,* March 27, 2019. https://www.bloomberg.com/news/articles/2019-03-27/at-50-000-a-year-baby-ivies-road-to-yale-starts-at-age-5.

[10] Jennifer Medina, Katie Benner, and Kate Taylor, "College Admissions Scandal: Actresses, Business Leaders and Other Wealthy Parents Charged," *The New York Times*, March 12, 2019. https://www.nytimes.com/2019/03/12/us/college-admissions-cheatingscandal.html.

[11] Morduch and Schneider. *The Financial Diaries: How American Families*

Cope in a World of Uncertainty.

[12] Carrie Leana, "The Cost of Financial Precarity," *Stanford Social Innovation Review*, Spring 2019.

第七章

[1] For more on this, I recommend reading, *Toward a Livable Life: A 21st Century Agenda for Social Work, The Promise of Adolescence: Realizing Opportunity for All* (National Academies Press, 2020).

[2] Mona Hanna-Attisha, "I'm Sick of Asking Children to Be Resilient," *The New York Times*, May 12, 2020, sec. Opinion. https://www.nytimes.com/2020/05/12/opinion/flint-inequality-race-coronavirus.html; Health Equity Works, *For the Sake of All: A Report on the Health and Well-Being of African Americans in St. Louis and Why It Matters for Everyone* (Washington University in St. Louis, 2015), https://healthequityworks.wustl.edu/items/for-the-sake-of-all-a-report-on-the-health-and-well-being-of-african-americans-in-st-louisand-why-it-matters-for-everyone/.

[3] Tim Stafford, *Shaking the System: What I Learned from the Great American Reform Movements* (IVP Books, 2007).

[4] Edward T. Chambers, *Roots for Radicals: Organizing for Power, Action, and Justice* (The Continuum International Publishing Group, 2006).